RIEMANN
VERLAG

Andreas Lehmann

DIE NEUEN ZEHN GEBOTE

Wie Erziehungsexperten,
Gesundheitsfetischisten und militante
Nichtraucher zu den Priestern
unserer Zeit wurden

RIEMANN
VERLAG

MIX
Papier aus verantwortungsvollen Quellen
FSC® C014496

Verlagsgruppe Random House FSC® N001967
Das für dieses Buch verwendete FSC®-zertifizierte Papier
Munken Premium Cream liefert Arctic Paper Munkedals AB, Schweden.

1. Auflage
Originalausgabe

Lektorat: Gerhard Seidl
Umschlaggestaltung: Stephan Heering, Berlin
Satz: EDV-Fotosatz Huber/Verlagsservice G. Pfeifer, Germering
Druck und Bindung: GGP Media GmbH, Pößneck
Printed in Germany
ISBN 978-3-570-50183-2
www.riemann-verlag.de

FÜR AMET. ICH HAB ZU DANKEN!

INHALT

WER BIN ICH UND WAS IST MEINE MISSION?

Bin ich Moses? Bin ich nicht. Es gibt auf den folgenden Seiten nichts zu verkünden. Das hier ist keine Steintafel, sondern nur einer von jährlich knapp hunderttausend erscheinenden Buchtiteln in Deutschland. Und der Verfasser dieser Zeilen ist lediglich ein Beobachter ohne Botschaft, der das Buchcover zierende Heiligenschein ist deswegen möglicherweise etwas irreführend, also Vorsicht!

Wer kennt diesen Spruch überhaupt noch: Bin ich Moses? – Das haben wir frechen, schnippischen Jungs einst so gesagt, wenn Eltern oder Lehrer irgendetwas von uns wissen wollten, irgendetwas Wichtiges, im oder fürs Leben, was wir mal werden wollen, wie das Zeugnis wohl ausfällt, wann wir denn gedenken, von der Party am Samstag nach Hause zu kommen. Bin ich Moses? – Das war unser Spruch, so wie meine Kinder heute auf all meine Fragen und Fingerzeige antworten mit: »Chill mal, Alter!«

Also: Chillt, Leute! Natürlich bin ich nicht Moses. Dieses Buch soll weder eine Analyse der Krise der Kirche sein, noch werden hier Vorschläge zu ihrer Reform gemacht. Ebenso wenig soll mit mahnendem Zeigefinger auf merkwürdige Phänomene oder moralische Fehlentwicklungen der Gesellschaft und ihrer Mitglieder verwiesen werden; ich bin ja auch nicht Margot Käßmann oder Peter Hahne, dazu fehlt es mir selbst leider an festem Glauben und der Überzeugung, anderen ins Gewissen reden zu müssen.

Es ist so: Ich bin inzwischen in einem Alter, bei dem man wirklich »Alter« zu mir sagen kann. Ich rede inzwischen nicht selten von »früher« und muss dabei feststellen, dass früher vieles anders war. Ich glaube nicht so recht an Wunder, aber ich wundere mich immer öfter. Einerseits frage ich mich zum Beispiel, ob wir nicht doch Religion brauchen wie das Bio-Ei zum Sonntagsfrühstück. Wenn Sie in einem Örtchen in Oberbayern oder im Badischen wohnen, denken Sie sich wahrscheinlich, was für eine unsinnige Frage, aber seien Sie mal nicht so voreilig. In meiner Umgebung, dort, wo ich lebe, in einer großen Stadt, einer Metropole, würde man diese Frage auch als abwegig empfinden, aber aus einem ganz anderen Blickwinkel. Die einen sagen, selbstverständlich kann der Mensch nicht ohne, die anderen: Religion braucht kein Mensch mehr.

Andererseits frage ich mich, woher diese Unbedingtheit kommt, dieser Furor (ups, gleich ins Fettnäpfchen getreten, siehe das sechste Gebot), der uns mittlerweile überall und rund um die Uhr umgibt: der Bio-Wahn, der Fußball-Fanatismus, warum Eltern Helikopter-Eltern geworden sind, warum Kinder gepampert werden müssen, obwohl sie längst dem Windel-Alter entwachsen sind, warum wir so verbotsvernarrt sind, warum alle Mädchen dünn sein und am liebsten Model werden wollen. Älter gewordene Menschen sagen an der Stelle gern: Das gab es früher alles nicht! Jedenfalls nicht in so frommen Ausprägungen. Ich bin ein Kind der 90er-Jahre, und die 90er, das ist mir heute viel klarer als damals, waren tatsächlich die Spaßgesellschaft; das Leben war leicht, ironiegeschwängert und vergleichsweise unverkrampft, vielleicht erinnert sich der eine oder andere noch.

Heute ist das anders. Strenger, strafender, eben fromm. Wie auch immer, wir zählen hier in diesem Buch jetzt eins und eins zusammen, und siehe da: Auf der einen Seite fehlt es offensichtlich zunehmend an traditioneller, christlicher Religion und ihren Geboten, der Einfluss schwindet; auf der anderen gibt es eine Reihe neuer gesellschaftlicher Werte und Praktiken, die die Leerstellen, die Religion offensichtlich hinterlässt, ausfüllen, und zwar sehr fromm; daraus entstehen die »neuen Zehn Gebote«.

Bin ich selbst überhaupt religiös? Falls es für die nachfolgende Rezeption dieses Buches wichtig ist, weil heutzutage ja auch immer alles gleich persönlich genommen und psychologisiert wird, weil der Autor eines Buches (das ICH und das Bild vom ICH, darüber steht einiges im ersten Gebot) wichtiger geworden ist als der Text: Nein, ich bin kein eingeschriebenes Mitglied einer Kirche, ich bin nicht einmal getauft (meine Kinder sind es aber), trotzdem würde ich von mir nicht behaupten, ich sei Atheist. Viele der »neuen Gebote«, von denen hier die

Rede sein wird, kenne ich aus eigener Anschauung und Handhabung. Ich kaufe gelegentlich im Bio-Laden, bin Dreiviertelvegetarier, ich mache gern Selfies, ich verbiete mir oft, eine zu rauchen, ich schaue gelegentlich GNTM und bin ein ziemlich leidenschaftlicher Fußballfan und -spieler: Ich spiele in einer Altherrenmannschaft in der Berliner Landesliga, unsere Messe findet meist freitags 18.30 Uhr auf einem Kunstrasenplatz zwischen Berliner Brandwänden statt, gleich gegenüber dem Gemeindehaus einer Neuapostolischen Kirche.

Ich lebe ziemlich protestantisch, weil ich sehr protestantisch aufgewachsen bin, obwohl meine Eltern sich zumindest formell und vor ewigen Zeiten von der Kirche losgesagt haben. Seit vielen Jahren bin ich allerdings durch andere Teile meiner Familie religiös verbandelt, die Mutter meiner Kinder und Frau an meiner Seite ist Theologin, als sie studierte, war ich Probehörer von Referaten und durfte Seminararbeiten vorab diskutieren.

Was meinen Glauben betrifft, halte ich es vorzugsweise mit Woody Allen: »Natürlich gibt es eine jenseitige Welt – die Frage ist nur, wie weit ist sie vom Stadtzentrum entfernt, und wie lange hat sie offen?« Okay, zugegeben, das ist sehr lakonisch und nicht wirklich ernsthaft geantwortet auf die Frage: Wie hältst du es mit der Religion? Obwohl, doch, das ist die Antwort: Ironie und der Zweifel können einen schon sinnvoll durchs Leben tragen und einen mit den ganz großen religiösen Fragen nach Tod und Sinn fertigwerden lassen, daran glaube ich.

PROLOG – STATT EINER PREDIGT

Gott ist tot, oder was auch immer mit ihm los ist, vielleicht hatte Nietzsche ja recht mit seiner *Fröhlichen Wissenschaft*. Vielleicht schläft er, vielleicht ist gerade Nacht im Himmelreich, möglicherweise ist er gelangweilt von seinem Lieblingsspielzeug Mensch. Vielleicht sind wir auch gar nicht sein Lieblingsspielzeug, vielleicht sind wir für ihn eine eingemottete Carrera-Rennbahn im Keller. Auf jeden Fall fehlt schon seit geraumer Zeit eine Nachricht, ein Plan, wie es weitergeht, und ob er mit seinem Werk bis hierher eigentlich halbwegs zufrieden ist. Wo Optimierungsbedarf besteht, was gar nicht geht, was die nächsten Ziele sind und so weiter.

Seit er Moses die Zehn Gebote mit auf den Weg gab und Jesus das Ganze noch mal schöner formulieren ließ, kam nicht mehr viel. Jedenfalls nichts, was wir alle oder wenigstens fast alle verstanden hätten. Seitdem ist viel Wasser den Jordan heruntergeflossen, und wir fragen uns nicht nur, wo Gott eigentlich bleibt, sondern auch, was wir von seinen Vorgaben halten sollen, die vor sehr, sehr langer Zeit auf schwere Steintafeln gemeißelt waren, an denen sich der gute Moses fast einen Bruch hob; inzwischen können wir ganze Bibliotheken auf nicht mal vierhundert Gramm schweren Tablets lesen.

Wir bräuchten mal ein Update, Gott! Die Gebote von wegen »Du sollst den Namen des Herrn, deines Gottes, nicht missbrauchen« oder »Du sollst nicht ehebrechen« sind ein wenig aus der Mode gekommen. Oder sie sind unverständlich, irgendwie nicht mehr handhabbar, interpretierbar, sie halten nicht mehr alle Abgleiche aus mit dem, was wir täglich erleben, und gehören deswegen nicht mehr wie selbstverständlich zu unserer Sprache und zu unserem Wertesystem, sie sind nicht mehr eingebrannt in unser Bewusstsein. Fragen wir doch mal jemanden auf der Straße, wie das achte Gebot heißt! Oder fragen Sie sich selbst!

Die Zahlen lügen nicht, die Tendenz scheint unumkehrbar, und das Lamento darüber ist in schöner Regelmäßigkeit das ewig Gleiche: Die großen Kirchen verlieren an Einfluss und Mitgliedern. Gottes Häuser bleiben karg besucht, lediglich zu Weihnachten treffen sich nach guter alter Sitte ein paar Schäfchen mehr und lassen triste Krippenspiele und die üblichen weihnachtlichen Besinnungsaufrufe über sich ergehen – aber dann ist auch wieder gut. Seit 1990 treten aus der Evangelischen Kirche jährlich 0,7 Prozent der Mitglieder aus, aus der Katholischen Kirche im Schnitt 0,5 Prozent. Karfreitag besuchen gerade mal vier Prozent der protestantischen Kirchenmitglieder einen Gottesdienst.

In zwanzig Jahren, so die Prognosen, werden weniger als fünfzig Prozent der in Deutschland lebenden Menschen einer der beiden großen Kirchen angehören. Und wir wissen heute, was mit »angehören« gemeint ist. Ein großer Teil derer, die »angehören«, sind Karteileichen, eingeschriebene Mitglieder, die aus familiärer Tradition, aus Rest-Respekt (»Die Idee ist eigentlich ganz gut.«/»In der Bibel stehen schon auch ein paar wahre Sätze.«/»Jesus Christ Superstar hat mich im Musical überzeugt.«) oder aus irgendeiner »abendländischen« Sehnsucht sich noch mit der Amtskirche verbunden sehen. Verbunden heißt lediglich: Wir zahlen noch Kirchensteuern, weil damit ja auch viele soziale Einrichtungen unterstützt werden, und wir sind schließlich sozial, wir denken zumindest sozial (am besten freilich ist es, wenn andere sozial tätig sind und wir nur dazu Beifall klatschen). Wir lassen unsere Kinder taufen beziehungsweise empfehlen unseren Kindern, sich taufen zu lassen, sobald sie das selbst entscheiden können. Und wir heiraten wieder, auch kirchlich, aber das gehört wahrscheinlich zu einer anderen Geschichte, von der später noch die Rede sein wird.

Die Zehn Gebote, dass da irgendein Herr ist, dass man keine Götter neben ihm haben soll, dass man nicht falsch Zeugnis ablegen und nicht Vieh (Nettoeinkommen), Magd (Putze) oder alles, was dein Nächster hat (Haus, Auto, Boot), begehren soll, das sind keine allgemeingültigen und akzeptierten Glaubenssätze mehr, an die man sich hält oder halten könnte. Allenfalls Orientierungen, die aber von Fall zu Fall in ihrer Bedeutung auch aufgehoben werden dürfen beziehungsweise mit dem »menschlichen Faktor« selbstverständlich noch einmal ganz andere Interpretationen und Möglichkeiten zulassen. Die Anhänger diverser Freikirchen nehmen die Dinge noch ernst, sicher, aber mit ihren Dogmen vom »Kein Sex vor der Ehe«, ihrer Homophobie oder dem Glauben an den Teufel sind sie keine wirklichen Alternativen für den halbwegs aufgeklärten Zeitgenossen von heute.

Und die, die noch »angehören«, sind sich ihrer Sache nicht mehr sicher. In einer Studie unter deutschen Katholiken heißt es: »Viele Befragte verstehen sich nicht als gläubig im traditionellen Sinn und suchen auch nicht aktiv nach einer Beziehung zu Gott.« Die meisten dieser Kirchenmitglieder bezeichnen sich als religiös, »definieren aber den Inhalt ihres Glaubens ebenso wie ihre Vorstellungen von Gott eher diffus«.

Diffus? Selbst unter Katholiken? Bei denen man doch am ehesten noch von einer gewissen Stand- und Bibelfestigkeit hätte ausgehen wollen? Bei jenen, denen alte Rituale und eine traditionelle Frömmigkeit mit all ihren Regeln, Ge- und Verboten einigermaßen klar und selbstverständlich schien? Verschwindet gar das Religiöse selbst, wie es die Repräsentanten der großen Volkskirchen immer wieder gern und sehr besorgt dreinschauend in Sonntagspredigten und anderen, weltlichen, aber nicht minder bedenkenträgerischen Talkshowrunden hinausposaunen? Was ist mit unserer ungestillten Sehnsucht nach Transzendenz, der Sehnsucht danach, es möge mehr geben als das, was wir Realität nennen? Weil offensichtlich in unsere DNA eingeschrieben ist, dass wir mehr sehen wollen, als wir mit dem bloßen Auge erkennen, mehr wahrnehmen, als wir in einer auf Effizienz und Rationalität getrimmten Gesellschaft erfahren?

Wir feiern Myriaden von Möglichkeiten, die wir haben, und sind doch überfordert. Einst waren Biografien vorgegeben durch Bildung, sozialen Status, Herkunft und Geschlecht. Es wurde geheiratet, ein Beruf ergriffen, gearbeitet, es wurden Kinder großgezogen, wenn es sein musste, fürs Vaterland gefallen oder altersschwach im Kreise der Familie gestorben. Es gab Ausnahmen, aber für den Großteil der Bevölkerung war das Leben eingebettet in ähnliche, wiederkehrende gesellschaftliche Erwartungen und Möglichkeiten, und somit meist begrenzt. Anders heute: Wir haben die Wahl, wir dürfen experimentieren, wir sollen uns sogar ausprobieren. Wir können unsere Identität selbst entwerfen. Biografien setzen sich heute aus Fragmenten zusammen, geradlinige Lebensläufe gibt es nicht mehr, unbefristete Vollzeitstellen, die einem allzeit eine sichere Existenz garantierten und die das Leben strukturierten, sind aus einer fremden, früheren Zeit. Lag die Scheidungsrate um 1900 noch unter zwei Prozent, geht inzwischen fast jede dritte Ehe in die Brüche. Die Institutionen, die Vorschriften machten, wie ein Leben auszusehen hat, haben an Einfluss verloren. Familie und Kirche können nicht mehr vorgeben, wen wir zu heiraten haben oder in welchem sozialen Milieu wir uns bewegen sollen. Wir können mit dem Sex bis zur Hochzeitsnacht warten oder polyamourös viele Menschen gleichzeitig lieben. Wir können den Familienbetrieb übernehmen oder Jura studieren, um dann Yoga-Lehrer zu werden. Alles ist möglich, es gibt kein Richtig oder Falsch mehr. Das ist eine Befreiung, bringt aber auch Unsicherheit, Beliebigkeit und Entwurzelung mit sich, was uns offensichtlich nicht nur guttut.

An jeder Kreuzung unseres Lebens müssen wir Entscheidungen treffen und dann die Konsequenzen tragen. Diese Bürde und Verantwortung nimmt uns keiner mehr ab. Das macht uns Stress: Wir wollen das Beste, alles oder zumindest möglichst viel erreichen, unser Leben soll schließlich ein Erfolg werden, der sich aus sich selbst erklärt. Früher galt, dass ein Mensch eine Einheit war, ein selbstverständliches Ich von der Geburt bis zum Tod. Heute spricht man von »Patchwork-Identität« oder »Bastel-Identität«; die eigene Persönlichkeit zu entwickeln, zu optimieren, damit sie möglichst gut in der sich rasant verändernden Umwelt funktioniert – das ist ein lebenslanges, anspruchsvolles und zeitintensives Projekt geworden.

Wir leben in einer Epoche, in der es uns, also dem Mittelstand – äußerlich betrachtet zumindest – so gut geht wie nie. Kriege finden ziemlich weit weg statt, die Freiheit des Individuums war nie größer, wir können mitbestimmen, sagen und schreiben, was wir denken, wir haben Geld, wir haben nicht nur genug, sondern auch gut zu essen, selbst die nicht so gut Verdienenden unter uns leisten sich per Billigflieger Fernreisen, wir leben beschützt und behütet, wenn wir krank sind, werden wir behandelt auf einem Niveau, um das uns fast der ganze Rest der Welt beneidet. Ist das nicht wunderbar? Aber warum zeigen wir das nicht, warum scheint es so selten durch, das große Glück, das wir haben?

Weil etwas fehlt. Weil etwas nicht stimmt. Es ist wie in *Matrix*, als sich Morpheus und Neo zum ersten Mal begegnen und Morpheus sagt: »Ich will dir sagen, wieso du hier bist. Du bist hier, weil du etwas weißt. Etwas, das du nicht erklären kannst, aber du fühlst es. Du fühlst es schon dein ganzes Leben lang, dass mit der Welt etwas nicht stimmt. Du weißt nicht, was, aber es ist da. Wie ein Splitter in deinem Kopf, der dich verrückt macht. Dieses Gefühl hat dich zu mir geführt. Weißt du, wovon ich spreche?«

Neo: »Von der Matrix?«

Die Matrix in unserem Fall ist ein schwer zu bestimmendes, außerhalb unserer vorherrschenden und uns beherrschenden rationalen Denk- und Verhaltensmuster liegendes Gefühl, eine Sehnsucht nach Transzendenz, nach Sinn und Unsterblichkeit – eben etwas Religiöses. Es fehlt an Religion. Der Münsteraner Religionssoziologe Detlef Pollack macht den Kirchen allerdings wenig Hoffnung, dass wir sie künftig noch dort suchen: Durch wachsenden Wohlstand und zunehmende Individualisierung nehme die Religiosität in der westlichen Welt nach seiner Analyse kontinuierlich ab. Die Ursache liege weniger in einer Unzufriedenheit von Menschen mit der Kirche, vielen seien schlicht andere Angebote wichtiger. Menschen zögen zwar aus Gebeten Trost und Beruhigung, Hoffnung und Vertrauen, was wir in hochkomplexen, schnelllebigen Gesellschaften auch dringend bräuchten; wir wollen Inseln der Ruhe und der Besinnung, und Religion sei so etwas wie eine Unterbrechung unseres Alltags und in dieser Funktion für viele Menschen eine wichtige Hilfe. »Für die Abwendung der meisten Menschen von der Kirche ist weniger entscheidend, dass sie mit den Kirchen unzufrieden sind, an ihr Kritik üben und die Predigten langweilig oder die Gottesdienste unschön finden. Bedeutsamer ist, dass ihnen anderes wichtiger ist als Religion oder Kirche. Wenn sie aus der Kirche austreten, dann sagen sie, sie hätten diesen Schritt vollzogen, weil sie mit dem Glauben nichts mehr anfangen können oder weil ihnen die Kirche gleichgültig geworden ist. Konkrete Kritik an politischen Stellungnahmen der Kirche oder gar am Pfarrer vor Ort haben sie weniger. Die Distanzierung von den Kirchen wird auch erfolgen, wenn die Kirchen eine gute Arbeit leisten, dialogisch auf die Menschen zugehen, offen für Veränderungen sind und an den Problemen der Gesellschaft Anteil nehmen.« Die Entfremdung habe vor allem mit den vielen Selbstverwirklichungsmöglichkeiten des Individuums in der Moderne, sei es in Beruf oder in der Freizeit, zu tun. Diese ziehen die Aufmerksamkeit von Religion und Kirche ab. Gegen diese Ablenkung von religiösen Fragen können die Kirchen vergleichsweise wenig tun.

Die Sehnsucht nach Religion, nach Ritualen, nach Ge- und Verboten, ja, man ist geneigt zu sagen, die Notwendigkeit dazu aber bleibt, auch wenn das, was für unsere Vorvorfahren religiös war, aus der Mode gekommen ist. Sie bleibt nicht nur, sie ist wahrscheinlich stärker, als wir vermuten. Michel Houellebecq sagt: »Jedes Mal, wenn ich auf eine Beerdigung gehe, spüre ich, dass der Atheismus unserer Gesellschaften unerträglich geworden ist. Eine Gesellschaft ohne Religion ist nicht überlebensfähig.« Nicht nur eine Gesellschaft ist möglicherweise nicht überlebensfähig, ihre Mitglieder brauchen eine göttliche Ordnung, brauchen Rituale wie die Luft zum Atmen. Einst, unter weitaus schwierigeren Lebensbedingungen, in einer Zeit, in der das Wort Stress überhaupt noch nicht zum Vokabular gehörte, gab uns Religion das, was wir gern »Halt« nennen. Prediger wiesen uns den Weg, sie schufen eine Moral, an der wir uns aufrichten oder auch abarbeiten konnten. Religion fing uns auf, wenn es uns schlecht ging, sie tröstete, wenn wir nicht mehr weiterwussten – aber was tun, wenn wir jetzt sonntags ausschlafen und uns zum Brunch treffen, statt eine Predigt anzuhören, was tun, wenn wir nicht mehr zur Beichte gehen, was tun mit unseren Sünden, mit unseren Fragen, Zweifeln, mit unserem Leid und der alles entscheidenden Frage nach den Sinn? Wenn schon kein Gott oder wenigstens ein Pfarrer mehr da ist, dem wir uns anvertrauen können, wenn schon keiner mehr richtet, müssen wir uns selbst Götter schaffen und uns Ersatz für ebendiese normative Kraft der Religion herholen.

Das Bedürfnis, religiös zu sein, scheint ungebrochen. Vielmehr: Zuweilen möchte man fast von einer Gier sprechen, einer neuen Gier nach Ritualen, nach quasireligiösen Praktiken, nach spiritueller Gemeinschaft und moralischen, von alter Religion inspirierten Mustern. Warum? Weil vor allem der – weit verbreitete – Mittelstand verunsichert ist: Ohne Kompass und ohne Werte kann man doch nicht leben! Und deswegen haben wir uns neue Gebote auferlegt, modifizierte Varianten der alten Dogmen, oder sollte man besser sagen: Mutationen? Ohne können wir nicht sein, nichts ist uns lieber und wichtiger als Struktur, klare Ansagen und Regeln, die eingehalten werden müssen.

Das wird vor allem dann klar und deutlich, wenn die zu großen Teilen eigentlich schon religionsfernen beziehungsweise -freien Mittdreißiger Familien gründen und Kinder bekommen: Dann rückt auf einmal die Frage in den Mittelpunkt, was denn wirklich wichtig ist im Leben. Ob man seinem Kind nicht feste Rituale ermöglichen muss, ob es nicht einen Kanon braucht, Regeln, Traditionen. Es geht nicht zuletzt um die »Vermittlung von Werten« – an irgendwas muss das Kind doch glauben. Aber an was? Es geht um Geborgenheit, um Sicherheit. Etwas Göttliches soll das Glück beschützen, fast so wie eine zusätzliche Unfallversicherung.

Und so findet Religion Ersatz. Der Begriff »Ersatzreligion« ist inzwischen zu einer stehenden Wendung geworden; man und frau sind verschwurbelte Dreifaltigkeitsthesen, kirchliche Hierarchien, einschläfernde Predigten oder leiernden und wenig unterhaltsamen Kirchengesang mehr oder weniger leid. Doch ohne Wertesystem, ohne Glaubenssätze scheinen wir nicht durch dieses Leben zu kommen. Mit religiöser Ernsthaftigkeit, ja mitunter mit religiösem Eifer, werden also neue Gebote aufgestellt, die Ersatz für das Abhandengekommene bieten. Amen.

DAS ERSTE GEBOT

Ich bin Ich, mein Gott. Ich brauche niemanden neben mir.

EIGENTLICH

Ich bin der Herr, dein Gott.
Du sollst keine anderen Götter haben neben mir.

Manchmal weiß man nicht mehr, wann genau der Zeitpunkt gekommen war, an dem sich zeigte, dass unser Bild von Gott nichts mehr mit dem von einem strengen, aber letztlich gütigen, uralten Mann mit weißem Rauschebart gemein hatte. An dem sich abzeichnete, dass dieses Bild und das Verhältnis überhaupt längst diffus geworden waren, undeutlich, verwirrend. Als wir nicht mehr wussten, wo Gott wohnt und wer das eigentlich sein soll.

Wer also ist Gott – das war uns nicht mehr klar bis zu einer Nacht im März 2014, als auch den Letzten von uns ein Licht aufgegangen sein musste. In dieser Nacht nämlich wurde das wohl berühmteste Selfie aller Zeiten gemacht (zumindest das erste, das weltweit Bedeutung erlangte), und nach diesem Bild konnte man schwer umhin festzustellen, dass im Zentrum des Universums in unseren Tagen nur noch eins steht: nämlich das ICH. Vor allem das Bild vom ICH. Du sollst dir ein Bild machen, ist das neue, ultimative Motto, ein Bild von dir selbst, und du sollst es aller Welt zeigen.

Dieses Selfie aus dem März 2014 entstand während der Oscar-Verleihung in Los Angeles, verantwortlich dafür war die Moderatorin Ellen DeGeneres. Es war genau genommen gar kein »klassisches« Selfie. Ellen DeGeneres versammelte die Superstars des globalen Kino- und Glamour-Zirkus um sich (jene Götter, auf die wir gleich im zweiten neuen Gebot zurückkommen werden), unter anderem Jennifer Lawrence, Brad Pitt, Bradley Cooper, Meryl Streep und Julia Roberts, um mit ihrem Samsung-Smartphone ein Selbstporträt, eben ein Selfie von sich und den anderen zu knipsen und auf Twitter zu veröffentlichen; in der Wahrnehmung waren in dem Fall die anderen wichtiger als das Selbst, aber dennoch wurde mit diesem Foto der Begriff Selfie etabliert. Mit drei Millionen Retweets stellte das Bild sogleich auch einen absoluten Twitter-Rekord auf, und für kurze Zeit brachen unter der Last des Ansturms sogar die Server des Kurznachrichtendienstes zusammen. In den darauffolgenden Tagen wurde das Bild millionenfach im Netz, im Fernsehen, in

Zeitungen und Zeitschriften gezeigt, gedruckt, retweetet, reproduziert.

Abgesehen davon, dass Samsung in der Oscar-Nacht für rund 1,8 Millionen US-Dollar Werbespots in der Fernsehübertragung für sein Galaxy S5 Smartphone und die neue Smartwatch Gear 2 platziert hatte und das Ganze zusammen mit dem Selfie natürlich auch ein Marketingcoup gewesen ist, war das Ergebnis: Jeder Erdenbewohner wusste fortan, was ein Selfie ist und wie man es – nämlich kinderleicht – produziert. Und nahezu jeder Erdenbewohner, jedenfalls jeder, der ein kamerafähiges Mobiltelefon sein Eigen nennt, kannte ab sofort nur noch eine Blickrichtung: die auf sich selbst. Die auf das eigene Antlitz, auf das ICH, das nunmehr in den Vordergrund rückt und alles andere, Menschen oder Material, zur Staffage macht.

Vorbei sind die Zeiten, als man noch jemanden fragen musste, ob er einen vor dem Kölner Dom oder mit Freunden am Tisch fotografieren würde, als Zeugnis, dass man da war, dabei war, fortan heißt es: Selbst ist der Mann beziehungsweise die Frau. Inzwischen hat man das Gefühl, dass es nicht mehr nur eine Menge Selfies gibt, sondern gar keine andere Fotografie mehr. Das Selfie ist der Beweis für die fundamentale Verschiebung in der Betrachtung der Welt, es ist der massenhaft produzierte und reproduzierte Ausdruck für eine westliche, digitale, zu den alten Religionen immer mehr auf Abstand gehende Spezies. Für diejenigen, für die Gott nicht mehr als ein im Himmel thronendes Wesen erscheint, denen das komplett abwegig und absurd vorkommt. Für die – wenn überhaupt – das Göttliche jetzt überall vorkommt. In der Natur, in allem, was lebt und existiert, vielleicht auch irgendwo in der – wie Esoteriker es nennen – »feinstofflichen« Welt. Ganz wahrscheinlich aber und naheliegend in uns selbst, im ICH eben. Wir sind nicht mehr nur einfach Gottes Kinder, sondern selbst Gott, ein bisschen Gott, Gottes Söhne oder Töchter, wie man es will. Wir sind unser eigenes Universum. Auf jeden Fall das, was im Zentrum all unserer Aufmerksamkeit, unserer Sehnsüchte, unseres Denkens steht. ICH, ICH, ICH. Für die modernen Menschen sei es charakteristisch, erklärte der Soziologe Georg Simmel bereits im Jahr 1917, dass »das Individuum nach sich selber suche, als ob es sich noch nicht hätte«, und zugleich doch sicher sei, »an seinem Ich den einzigen festen Punkt zu haben«. Hat es jetzt.

Ein ICH, das sich nicht nur durch schnöden Besitz materialisiert und zeigt, wie noch vor Jahren, als man noch stolz von »mein Haus, mein Auto, meine Jacht« auf einem Foto auf den Tisch knallte und zum Ausdruck brachte: ICH bin etwas, weil ich etwas habe, weil ich es zu etwas gebracht habe. Das ist heute zu billig und zu wenig. Jetzt geht es um das – um ein viel gebrauchtes Modewort zu benutzen – »ganzheitliche« ICH. Was es ausstrahlt, wie das ICH wirkt, über welche Erfahrungen das ICH verfügt. Welche Besonderheiten, welche Gefühle (das zuvörderst), ja sogar welchen Schmerz. Alles ist ICH-bezogen! Das ICH ist einzigartig, primär; das ICH überstrahlt alles und ist zum Maß aller Dinge geworden.

Die Selfie-Kultur ist perfekter Ausdruck und bildliche Entsprechung dessen: Es geht nicht mehr darum, dass wir den Blick auf etwas richten, auf andere Personen, die wir fotografieren, die Eltern vorm Weihnachtsbaum, die Freunde am Strand, das Kind beim Eis essen. Auf andere Dinge, vor den Resten der Berliner Mauer, auf dem Times Square, am Strand von Phuket. Es geht nicht mehr darum, mit dem Bild, mit dem Blickwinkel etwas zu suchen, etwas zu entdecken, zu staunen oder eine Erfahrung zu machen, sondern darum, dass man selbst, dass das ICH in den Mittelpunkt und den Vordergrund rückt. Das ICH ist die Erfahrung, die Entdeckung.

»Der sehr narzisstische Mensch hat eine unsichtbare Mauer um sich erstellt«, schrieb der deutsche Psychoanalytiker Erich Fromm einst. »Er ist alles, die Welt ist nichts – oder vielmehr: Er ist die Welt.« Der moderne Narzisst geht noch einen Schritt weiter, er ist nicht nur selbstverliebt und selbstsüchtig, er zeigt der Welt auch offensiv, dass er die Welt ist. Er ist dauerpräsent, er muss dauernd erscheinen. Das ICH ist permanent Thema. Die Titelschlagzeilen der Frauenzeitschrift *Maxi* im Jahre 2015 lauteten: »Ich glaub an mich!«, »Das ist schön an mir!«, »Ich liebe das Leben!«, »Ist das schön mit mir!« oder »Ich bleib mir treu«. Die der nicht minder redundanten, ICH-bezogenen Postille *Myway*: »Hallo Leben, hier bin ich!«, »Ich glaub an mich!« (schon wieder), »Ich bin dann mal glücklich!«, »Ich mach das jetzt einfach!« oder »Jetzt lebe ich meine Träume!« – alles tatsächlich immer mit Ausrufezeichen, damit man, besser gesagt: frau auch ja nicht zweifelt, sondern selbstgewiss an ihre ureigenen, göttlichen Kräfte glaubt.

Die modernen Narzissten drängen auf Bühnen und Bildschirme, sie schreiben, bloggen, gehen in den Big-

Brother-Container und ins Sat1-Newtopia, wo sie zum »Pionier« ernannt und von einhundertfünf Kameras rund um die Uhr beobachtet werden. Was den Einzelnen dafür prädestiniert? Zumeist nichts. Er ist, und er will. Das reicht. Die Sucht, ständig das Licht der Öffentlichkeit zu suchen, kann nicht mehr einfach mit der lapidaren, eigentlich auf den amerikanischen Medienphilosophen Marshall McLuhan zurückgehenden Bemerkung Andy Warhols, dass in Zukunft jeder fünfzehn Minuten weltberühmt sein wird beziehungsweise sein will, erklärt werden. Warum nennt heutzutage jeder Hans Mustermann einen Facebook-Account sein Eigen, warum glaubt er, der ganzen Welt kundtun zu müssen, dass er in Osnabrück geboren ist und dort auch aufs Gymnasium ging, dass er Helene Fischer mag und Blumen? Woher dieses Mitteilungsbedürfnis, woher dieser Drang zur Selbstdarstellung? Warum gibt es fast dreihundert Millionen Menschen, die über Twitter ihre Mini-Botschaften verbreiten, die nicht selten darin bestehen, der Welt irgendetwas mitteilen zu müssen, das doch im Grunde niemanden interessiert und auch niemanden etwas angeht? »Ich genieße gerade gemeinsame Zeit mit meinem Verlobten – das ist genau das, was ich gebraucht habe.« (Miley Cyrus)

Bezeichnend die »Entdeckung« von Twitter im ZDF während der Fußballeuropameisterschaft 2012: Nach einem Spiel wurde von der etwas überdrehten »Twitter-Expertin« der Redaktion für den im Studio (beziehungsweise es war draußen, am Heringsdorfer Strand) anwesenden Experten und Ex-Fußballstar Oliver Kahn ein Twitter-Account eingerichtet. Zuvor hatte das ZDF einen Wettbewerb ins Leben gerufen, bei dem ein origineller Twitter-Name für Oliver Kahn gesucht wurde. Das wahnsinnige Ergebnis: @OliverKahn. Dann ging es um den ersten Tweet, den Kahn absetzen sollte. Man beugte sich, wie eine Zeitung schrieb, über einen Laptop, als würde man gleich eine Mars-Rakete starten, Herr Kahn runzelte die Stirn, suchte nach Worten und einer weltbewegenden Botschaft, heraus kam die ungemein bedeutungsschwangere Zeile: »wir werden #europameister!!!«, natürlich mit drei Ausrufezeichen. Ganz ähnlich war das, als der Papst seinen ersten Tweet absetzte: Er saß an einem Holztisch, von Kardinälen umringt, vor einem iPad, und startete die neue Nachrichten-Website des Vatikans News.va. Die Verkündigung des Ereignisses besorgte der Heilige Vater persönlich via Twitter mit seinem ersten Tweet. Die Nachricht: »Dear Friends, I just launched News.va. Praised be our Lord Jesus Christ! With my prayers and blessings, Benedictus XVI.«

Das ist die eine Seite vom ICH-Kosmos. Das ICH, das ständig leuchtet oder leuchten will. Das ans Licht drängt. Aber warum tanzt denn das gottgleiche ICH nicht dauernd auf den Straßen, warum sitzen wir nicht – spätestens dann, wenn es auch bei uns frühlingswarm wird, und das ist immer noch früher als in Finnland oder irgendwo in der sibirischen Tundra –, warum sitzen wir nicht vor unseren Wohnblocks oder unseren Reihenhäusern, trinken ein Bier mit den Nachbarn und plauschen über Gott und die Welt? Warum sehen wir morgens auf dem Weg ins Büro und zum Amt zumeist verkniffene Gesichter in U- und Straßenbahnen, graue Gestalten, die Männer gebeugt und unwirsch auf ihr Smartphone stierend, die Frauen offensichtlich schon müde von dem Werk, das sie frühmorgens vollbringen mussten, um glänzend und herausgeputzt und supersexy den Tag zu überstehen? Warum wird man vom gehetzt blickenden, Kinderwagen schiebenden Müttern vom Gehweg gefegt, warum gibt es nur in der TV-Werbung all diese selig dreinblickenden, stets heiteren und konfliktfreien Familien, die beim Anblick einer Milchschnitte oder einer Wurst der Rügenwalder Mühle das Paradies auf Erden zu erleben scheinen? Warum treffen wir uns nicht öfter abends in der Eckkneipe, spielen Karten und nehmen zwei, drei Kurze, warum ist unser Dasein nicht federleicht und fröhlich?

Diese andere Seite des ICH liegt im Dunkeln und hat mit Schuld zu tun. Die Problematik der Erbsünde ist gewiss etwas in den Hintergrund getreten, das Problem der Schuld, dass wir Schuld auf uns geladen haben oder ständig glauben, schuldig zu sein, irgendwie zu sündigen, sodass wir uns verletzlich fühlen, ist aber immer noch eine Last. Eine Last, die wir mit viel Lust tragen. Wer sich schuldig fühlt und seine Wunden preisgibt, der rückt sein ICH nämlich noch einmal mehr ins Zentrum der Aufmerksamkeit; Schuld, Schmerz, physische vor allem aber psychische Verletzungen machen das ICH noch jesugleicher.

Die Gesundheitsberichterstattung der Krankenkassen zeigt, dass Krankschreibungen aufgrund psychischer Diagnosen in den letzten zehn Jahren kontinuierlich und dramatisch ansteigen: Innerhalb der Allgemeinen Ortskrankenkasse hat die Zahl der Krankschreibungen aufgrund psychischer Erkrankungen zwischen 2000 und 2011 um gut fünfzig Prozent und die der Arbeitsunfähigkeitstage um rund sechsundfünfzig Prozent zugenommen. Eine »Studie zur Gesundheit Erwachsener in Deutschland« des Robert-Koch-Instituts hat ermittelt, dass inzwischen 6,6 Prozent der Fünfzig- bis Neunundfünfzigjährigen von einem Burn-out-Syndrom betroffen sind. Frauen erkranken dabei mit 5,2 Prozent häufiger als Männer mit 3,3 Prozent. Je höher der sozioökonomische Status, desto verbreiteter ist das Burn-out: Während 5,8 Prozent der erkrankten Teilnehmer einen hohen sozioökonomischen Status aufwiesen, waren mittlerer (4,2 Prozent) und niedriger (2,6 Prozent) sozialökonomischer Status beim Burnout eher selten.

Zahlen, Zahlen, Zahlen. Gefühlt scheint es in den letzten Jahren sowieso zu einem rapiden Anstieg von psychischen Krankheiten zu kommen. Wer ist nicht selbst betroffen oder kennt nicht zumindest jemanden aus seinem näheren Umfeld, der sich nicht schon einmal ausgebrannt fühlte und nicht mehr weiterwusste, der, wenn schon nicht gleich unter tatsächlich schweren Depressionen, so doch zumindest unter dysphorischen Stimmungen litt (und die als Depression deutete) oder sich schon einmal wegen eines Erschöpfungssyndroms krankschreiben ließ. Allenthalben wird beklagt und gejammert, unter welchem Stress wir stehen, wie wir uns Tag ein Tag aus in einem krank machenden Hamsterrad bewegen und funktionieren müssen. Wenn wir jemanden zum Zählen der am meisten unseren Alltag beschreibenden Begriffe beauftragen würden, würde der garantiert herausfinden, dass das Wort STRESS ganz oben auf der Liste steht. Stress ist wohl die Kategorie, mit der sich unser Alltag am präzisesten beschreiben ließe. Stress, und auf der anderen Seite ENTSPANNUNG, denn wo viel Stress ist, muss noch mehr Entspannung her, sodass es auch schon wieder in Stress ausartet.

Stress durch Arbeit, Alltag, Chefs, Kollegen, die Effizienzmaschine verlangt eben ihren Tribut, dazu Familie, die richtige Kinderzerziehung, die richtige Ernährung, die Arbeit am guten Aussehen, das für das Selbstwertgefühl und die damit verbundene Attraktivität unabdingbar ist, Stress, den die ICH-Suche und -Findung, den der Weg zum Erfolg und dem richtigen, nachhaltigen Leben mit sich bringt. Stress, der uns krank macht oder zumindest kränkeln lässt.

Was wiederum die Körper- und Bewusstseinsindustrie, die sich vorzugsweise mit ENTSPANNUNG beschäftigt, auf den Plan ruft: Wir wünschen uns nicht nur entspannte Wochenenden, Feierabende, Urlaube, Abende, Stunden, Mittagspausen, sondern wir suchen ganz dringlich und hektisch Entspannung, um unser Leben noch halbwegs in den Griff zu bekommen: in Wellnesshotels (kein Hotel, das was auf sich hält, kommt heute ohne eigenen Wellnessbereich aus, das war vor nicht allzu langer Zeit nicht vorstellbar), in ganzen Wellnessurlauben, bei Freundinnen-Wochenenden, bei denen ausgespannt, Alltag abgestreift wird und man endlich die »Seele baumeln« lassen kann, bei Yoga, Reiki oder auch einfach beim Laufen, das immer und vor allem ja auch ein Abschalten von der »stressigen« Welt ist und einer transzendenten Erfahrung gleichkommt, nach der wir lechzen. Je größer und umfassender die Anforderungen der Arbeitswelt werden, umso intensiver wird die Sehnsucht nach Entspannung, nach Reinheit, nach Innerlichkeit, nach Ganzheitlichkeit, nach einem von der »harten« Realität entgrenzten Sein, nach einem anderen Bewusstsein. Nach einem geschützten Raum in mir selbst, nach etwas, das nur ich bin, das nicht kommerzialisiert werden kann, und auf das niemand Zugriff hat.

Das ist die Marktlücke, in die die Esoterik grätscht und um sich greift. Hier findet das ICH Bestätigung, scheinbar erfahren wir nirgendwo sonst, dass auf unsere ganz persönliche Einzigartigkeit eingegangen wird. Und es wird versprochen, dass wir noch reiner, heiler, vollkommener aus dem Findungsprozess herauskommen. Während die beiden großen Kirchen in Deutschland Jahr für Jahr Tausende Mitglieder verlieren und sich darauf einstellen, immer weiter zu schrumpfen, boomt der Esoterikmarkt. Millionen von Menschen suchen hier Sinn und Lebenshilfe. Sie befreien sich von komplizierten Glaubensmodellen wie dem von der Dreifaltigkeit oder der Unbefleckten Empfängnis, die mit ihrem modernen Alltag nichts mehr zu tun haben. Der Geruch von Weihrauch wird gegen den von Räucherstäbchen eingetauscht. Statt in großen kalten Kirchen vor goldenen Hochaltären oder kargen Kreuzen zu stehen, vor denen man sich schnell klein und unbedeutend fühlt, geht man in die Praxen diverser Lebenshelfer, die mit warmem Licht ausgeleuchtet und mit Kissen und Tüchern ausgestattet sind. Hier ist es gemütlicher. Mithilfe von Tarotkarten und Horoskopen werden uns Ratschläge für die Zukunft gegeben. Bachblüten und Heilsteine unterstützen uns auf dem Weg. Reiki-Meister geben Energie mit, Kinesiologen reinigen von Giften und negativen Emotionen.

Seit der Industrialisierung wurde Gott entmachtet, zumindest in den hoch entwickelten westlichen Ländern. Gott wurde nicht mehr gebraucht als Schöpfer, denn die Menschen übernahmen diesen Job nun selbst. Der Mensch wollte Herr sein über sein eigenes Leben, Gott störte da nur. Aber etwas ging auch verloren: das Gefühl, in einer sinnhaften Welt zu leben. Religion gibt Orientierung, dem Willen einer höheren Macht zu folgen, die weiß, was richtig und was falsch ist, gibt Sicherheit. Wer sich mit anderen in einem festgelegten Wertekanon bewegt, fühlt sich aufgehoben in einer Gemeinschaft. Doch heute ist jeder für sich selbst verantwortlich, für seine Entscheidungen und Handlungen, für seinen Lebenssinn. Für seine Lebensbilanz. Für sein ICH. Der Mensch ist auf sich selbst zurückgeworfen und dadurch im Grunde einsam.

Viele unter uns halten die Leere, die Sinnlosigkeit nicht aus und basteln sich eine Patchwork-Religion zusammen, bestehend aus fernöstlicher Philosophie, indigenem Schamanismus, Engel sind auch nicht schlecht, gern auch ein paar germanische Götter oder Hexenrituale, und das alles gemixt mit Versatzstücken der verschiedenen Großreligionen. Doch anders als bei einer Beichte beim Priester oder in der Seelsorge beim Pfarrer können wir unsere Last hier nicht recht »abladen« und erleichtert nach Hause gehen. Ganz im Gegenteil: Wir werden auf unsere Mängel zurückgeworfen, nicht wirklich geheilt oder gereinigt, eher auf unsere Defizite zurückgeführt oder am besten mit einem Problem konfrontiert, von dem wir gar nicht wussten, dass wir es haben. Das kann nämlich die moderne Bewusstseinsindustrie noch besser als der schnöde Warenkapitalismus: in uns etwas wecken und anschieben, von dem wir gar nicht dachten, dass wir es brauchen.

Wir schrauben an uns herum, reparieren Schäden, die die Eltern, vorherige Leben oder negative Energien angerichtet haben, verspüren vielleicht für einen Moment Erleichterung und scheitern doch schnell wieder, sobald es schwierig wird im Leben. Viele Menschen finden zur Esoterik, nachdem sie Niederlagen oder Rückschläge einstecken mussten, seien es berufliche oder familiäre, oder durch eine Krankheit, die das Selbstbild erschüttert. Was tun, wenn man den eigenen Anforderungen und denen der anderen nicht mehr entspricht? Man wendet sich an einen Heiler oder kauft eines der vielen esoterischen Ratgeberbücher, mit Titel wie *Befreie dich selbst!*, P*ositiv Denken: Wie ein Wort Dein Leben verändern kann: Die Kraft positiver Gedanken nutzen und maximieren lernen, Der spirituelle Lebens-Ratgeber: Im Einklang mit dem Universum fühlen, denken, handeln* oder *Leben ohne Angst: Die verborgenen Kräfte der Seele entwickeln* – das sind die wahren Bestseller beziehungsweise Bestsellerthemen, auch wenn sie auf den Feuilletonseiten der großen Tages- und Wochenzeitungen komplett ignoriert und für nicht würdig und lesenswert erachtet werden.

Durch ein Missverständnis geriet ich vor einiger Zeit in die Hände einer Praktikerin der Grinberg-Methode, einer

Behandlung, die verspricht, durch Berührungen und sanftes Drücken auf verschiedene Körperstellen, durch Akupressur und Techniken aus der klassischen Massage sowie der Shiatsu-Therapie den Energiefluss im Körper zu verbessern. Das Missverständnis bestand darin, dass ein Freund (Männer halt) mir erzählte, er kenne da jemanden, der aus Fußsohlen die Zukunft lesen könne; Handlesen mal anders, was mich wiederum interessiert hätte. Was aber natürlich völliger Quatsch war: Darum geht es bei der Grinberg-Methode nicht, was mir auch relativ schnell klar wurde, als ich bei Miriam auf einer Art Behandlungscouch lag und sie tatsächlich an meinen Fußsohlen herumdrückte. Ihr ging es zunächst darum herauszufinden, wo bei mir die Energieflüsse gestört seien. Sie drückte irgendwo und fragte, ob es hier wehtut oder da, und je nachdem hielt sie suggestive Fragen bereit – ob ich oft müde sei, Schmerzen habe, seelische Probleme, Probleme im Beruf, mit der Frau, mit mir selbst, mit dem Älterwerden etc. pp. Und mit irgendwas hat man natürlich immer seine Schwierigkeiten, was läuft schon perfekt, ergo wird man dann an einer Stelle sagen: Ja, richtig, ich schlafe gerade nicht besonders gut. Kaum reicht man den kleinen Finger, schon wird die ganze Hand, der ganze Arm gegriffen, und man verschwindet im Schlund der esoterischen, körperarbeitenden oder sonstigen modernen Behandlungs- und Betreuungsmaschinerie und ist für das nächste halbe Jahr zur Dauerbehandlung gebucht. Vor allem aber: Man, das ICH, fühlt sich hier angenommen, auch mit seinem Schmerz, das ICH fühlt sich lebendig, auch und gerade, wenn es leidet.

Christliche Religion war und ist geprägt durch Schmerz und Leiden. Der Leidensweg Christi, die Qualen Jesu am Kreuz sind Fixpunkte christlichen Selbstverständnisses. Wer im Mittelalter eine Arznei oder ein Pulver gegen Schmerzen anbot, schloss einen Pakt mit dem Teufel und wurde als Hexe oder Hexer verbrannt. Schmerzen wurden als Parallele zum Leidensweg Christi angesehen, Schmerz war die Strafe Gottes und nötig zur Erlösung der Seele. Schmerz läuterte, befreite, reinigte. Das Konzept ist geblieben, nur ist der Ort, an dem die Schmerzen heute verhandelt werden, nicht mehr die Kirche, sondern die Praxis für Physiotherapie oder Psychotherapie oder der Heiler, bei denen das ICH aufgenommen, ver- und behandelt wird. In einem fort sind wir schließlich blockiert; physisch und psychisch. Rückenbeschwerden sind eine der häufigsten Ursachen für Arbeitsunfähigkeit in Deutschland; pro Jahr fallen rund neunundsiebzig Millionen Arbeitsunfähigkeitstage an. Physiotherapeuten und Chiropraktiker haben im wahrsten Sinne des Wortes alle Hände voll zu tun, um all die Verspannungen und Blockaden zu lösen.

Aber eben nicht nur für das körperliche Heil gibt es Ersatzlösungen, für den Kopf ist noch viel, viel mehr da: Ständig werden neue Verfahren und Methoden und Heilslehren angeboten. Die neueste heißt »Achtsamkeit«. Was nicht einfach bedeutet, etwas achtsamer mit sich und seiner Umwelt umzugehen, sie wahrzunehmen (eine doch eher schlichte Wahrheit), sondern was selbstverständlich gleich mit einer »Theorie« serviert wird, die etwa Mindfulness-Base-Stress-Reduction heißt, kurz MBSR und natürlich von amerikanischen Wissenschaftlern herausgefunden wurde. Die darauf aufbauende »achtsamkeitsbasierte kognitive Therapie« (Mindfulness based cognitive therapy, kurz MBCT) werde bereits seit Jahren von Ärzten und Psychotherapeuten in den USA erfolgreich angewandt (immer ein gutes Argument), heißt es. Parallel mit der Installierung einer Heilslehre wird wie üblich auch gleich mit »Studien« argumentiert, die bewiesen haben, dass Achtsamkeitstraining nicht nur zu Entspannung und Gelassenheit führt, sondern gleich auch noch bei chronisch kranken Patienten für mehr Lebensqualität sorgt.

Achtsamkeit sei die westliche Bezeichnung für samma sati, einen der praktischen Bereiche der buddhistischen Lehre (Anspielungen auf fernöstliche Lehren sind auch allzeit ein hübscher Verweis), sie sei eine einfache Art der Meditation, mit der man »die eigene Aufmerksamkeit ins Hier und Jetzt« bringt. Das Wörtchen STOP sei dabei ein »gutes Hilfsmittel«, ein guter Kompass: Das S steht für Stopp, kurz Abstand nehmen, das T steht für Take Breath, kurz durchatmen, das O steht für Observe, deine Gefühle und Gedanken beobachten, und das P für Proceed – entscheiden, was der nächste Schritt ist. Achtsamkeitsübungen sind: einfach nur gehen, aufrecht stehen, am Baum lehnen, liegen lernen, wenn alles schiefläuft, einfach drüber lächeln, alles aufschreiben, was man so erlebt, und mehr Sinnlichkeit.

Atmen wir kurz durch und betrachten unser Gefühle und Gedanken: »Es ist nicht immer perfekt.« Diese furchtbar banale Weisheit scheint außer Kraft gesetzt zu sein, sie ist nicht mehr im Bewusstsein eingebrannt, was sie aber besser sein sollte. Immer mehr Menschen, das ICH, das auf der Suche nach dem Selbst ist, scheinen vergessen zu haben, dass am Anfang unseres Weges niemand gesagt hat: Das ganze Leben wird ein rauschendes Fest, ewiges Glück ist dir gewiss, Niederlagen, zwischenzeitliches Scheitern, Tragödien, Schmerz, Einsamkeit, hier und da Ablehnung, gelegentliche Krisen, ja sogar unlösbare Konflikte gibt es in diesem Leben niemals. Da stand niemand, der göttliche Vollkommenheit und das Paradies auf Erden versprach!

Aber wir möchten etwas anbeten, das vollkommen ist, das Glanz und vor allem Liebe in die Welt bringt. Wenn Gott oder Jesus diese Rolle nicht mehr übernehmen, bleibt nur noch das ICH.

DAS ZWEITE GEBOT

Du sollst die Namen möglichst vieler anderer Götter gebrauchen, sie heißen Daniela Katzenberger, Dalai Lama oder CR7.

EIGENTLICH

Du sollst den Namen des Herrn, deines Gottes, nicht missbrauchen.

Gottes Wort ist inzwischen mit Vorsicht zu genießen, Gott mag schlafen, dafür gibt es jetzt viele andere Götter, sie heißen Lady Gaga, Heidi Klum, Prinz William, Daniela Katzenberger, Dieter Bohlen, George Clooney, Bastian Schweinsteiger, CR7 oder Kim Kardashian. Sie sind die Götter, denen wir huldigen. Sie sind die neuen Autoritäten, weil uns die eine Autorität abhandengekommen ist. Sie sind die Helden, die wir anbeten. Sie sagen uns, wo es langgeht, weisen uns den Weg, sie geben uns Orientierung, spielen Jüngstes Gericht, und wir stehen belämmert davor. Sie sehen so aus, wie auch wir aussehen wollen. Sie reden so, wie wir reden wollen. Sie wohnen in Häusern, in denen wir auch leben wollen. Sie stehen auf Bühnen und werden mit Aufmerksamkeit bedacht, mit Liebe und Begehren, sodass wir staunen, was alles möglich ist. Sie stehen im Licht. Sie sind der Himmel, wir schauen zu ihnen auf. Promikult allüberall. Schauspieler, Möchtegern-Schauspieler, TV-Stars, Adlige, Models, TV-Jury-Vorsitzende, Sternchen, bei denen wir gar nicht wissen, was sie eigentlich können und sind. Wenn einer von ihnen von der Bildfläche verschwindet, stehen am nächsten Tag gleich zwei neue vor der Tür beziehungsweise im Schaufenster.

Früher hieß es: Ich bin der Herr, dein Gott. Du sollst keine anderen Götter haben neben mir; heute setzen wir dagegen: Wir brauchen ganz viele Götter, die uns sagen, was gut und was schlecht ist, oder die einfach nur gut aussehen, die uns leuchtende Vorbilder sind, deren Leben zwar unerreichbar, gewissermaßen göttlich ist, aber an dem wir in unserer medialen, vernetzten Welt dennoch teilnehmen können. »Es ist etwas ganz Archaisches, Instinktives, das sich umso mehr Bahn zu brechen scheint, je komplexer, rationaler und digitaler die Welt wird«, sagt der Ex-Chef von *Spiegel Online* und heutiger Boss »Digitale Medien« der *FAZ*, Mathias Müller von Blumencron. »Die Götter der alten Griechen waren Verkörperungen menschlicher Ideale und Leidenschaften, die androgyne

Anmut Athenes hat viele Menschen berührt und immer wieder auch um den Verstand gebracht. Das Christentum, später auch der Islam, entmenschlichte den Himmel, gleichzeitig stiegen Macht, Einfluss und Bedeutung des Irdischen.« So richtig in Fahrt sei der Kult der Prominenten aber erst im Zeitalter der Massenmedien gekommen, die »medialen Möglichkeiten der Vergötterung explodierten« und erlaubten Karrieren, die früher undenkbar waren. »Muskeln waren plötzlich Millionen wert, ein Busen konnte die halbe Welt faszinieren. Schauspieler und Sportler, allen voran Fußballer, wurden zu Weltstars, denen selbst inmitten der Neidgesellschaft ihre Millionen nicht geneidet wurden.«

Atemraubend, wenn man sich vor allem die Summen anschaut, um die es hier geht, nehmen wir nur die bestverdienenden Fußballer der Welt: Lionel Messi (FC Barcelona) – 41 Millionen Euro, Cristiano Ronaldo (Real Madrid) – 39,5 Millionen Euro, Neymar (FC Barcelona) – 29 Millionen Euro. Der deutsche »Fußballgott« Bastian Schweinsteiger rangierte (vor seinem Wechsel zu Manchester United, dort wird es nicht weniger sein) mit einem Gesamtjahreseinkommen von rund 14,5 Millionen Euro auf Rang 14. Bei Schauspielern geht es noch einmal um mehr: Sandra Bullock hat gerade Angelina Jolie auf dem Thron der bestverdienenden Schauspielerinnen Hollywoods abgelöst. Mit ihrem Kinoerfolg *Gravity* konnte sie zwischen Juni 2013 und Juni 2014 insgesamt 51 Millionen Dollar einnehmen.

Nichts hätte die Vergötterung von Promis so befördert wie das Internet, so Müller von Blumencron: »Plötzlich hatte jeder Mensch«, vor allem jeder Promi, »ein multimediales Werkzeug an der Hand, das eine fast göttliche Aura verschafft, wenn man nur die richtige Melodie trifft. Das Netz ist die Vollendung des Menschenkults, irdisch in seinen Schwächen, aber fast überirdisch kraftvoll.« Shakira und Cristiano Ronaldo haben jeweils mehr als 100 Millionen Likes auf Facebook, die meisten Follower auf Twitter folgen Katy Perry (66 Millionen), Justin Bieber (61 Millionen), Barack Obama (56 Millionen, als Pop-Star offensichtlich erfolgreicher denn als Präsident), Taylor Swift (54 Millionen), Youtube (49 Millionen) und Lady Gaga (44 Millionen).

Ständig werden neue Stars geboren, neue Helden, neue Götter. Man verliert den Überblick. Der Bedarf scheint unerschöpflich, und unter diesen neuen Göttern sind viele, die alles andere als göttlich erscheinen. Die gar keine Botschaft haben, außer: zu sein. Deren Bilder aber an jedem einzelnen Tag öfter zu sehen sind als es Jesus- und Marienbilder in ganz Bayern gibt. Die Welt um uns herum wird durch den Auftritt und die Abbilder von A-, B-, C-Promis strukturiert. Wir sehen jeden Tag unzählige Bilder von Kim Kardashian. Viele von uns wissen wahrscheinlich nicht einmal, wer das genau ist, was sie macht und vor allem: was sie kann. Aber ihr Bild wird beständig reproduziert, weil sie einen Arsch hat, der so groß und rund ist, dass er tagein, tagaus abgefeiert werden muss. Ein göttlicher Arsch.

Oder Daniela Katzenberger. Auch so eine Göttin für Arme. Eigentlich niemand, dessen Namen man sich merken müsste. Und doch kennen ihn inzwischen selbst diejenigen, die einst mit dem neuesten Buch von Enzensberger einschliefen, die im Fernsehen allenfalls Dokumentationen über die Maya oder den Widerstand in Nazideutschland geschaut haben und die eine ansehnliche Plattensammlung von Verdi-Opern besaßen. Inzwischen sagen ihnen die Namen Daniela Katzenberger, Micaela Schäfer oder Georginia Fleur etwas. Die nämlich sind es jetzt, die sich in Zeitschriften, auf dem Buchmarkt, auf Bühnen und im TV dauernd zeigen, sie haben sich in unseren Hirnen eingenistet und nehmen dort immer mehr Platz ein. Jemand wie Verona Pooth (einst Feldbusch) ist da schon, deren Zuschreibung es war, »Werbe-Ikone« zu sein.

In der schillernden Welt von Boulevard-Presse, Privatfernsehen (obwohl auch das öffentlich-rechtliche dem in vielem nicht mehr nachsteht) und Internet wird pausenlos das offensichtliche Bedürfnis erfüllt, Ikonen, Stars, Helden oder Götter hervorzubringen; zuweilen geht es um nichts anderes mehr. Selbst einst seriöse Nachrichtenmagazine haben ihren nüchternen Ton über Bord geworfen und brauchen und schaffen täglich Stars und Helden.

Ohne Promis geht keine Werbung mehr. Als Testimonials sind sie unabdingbar geworden, um Produkte zu verkaufen. Es geht nicht mehr um den Wert, ganz altmodisch: den Gebrauchswert eines Produkts, sondern um den Wert, den ein Testimonial besitzt, der ein entsprechendes Produkt anpreist und dafür im Übrigen einen göttlichen Lohn erhält. Der Extrainer von Borussia Dortmund, Jürgen Klopp, wirbt für Opel oder für den Philips SensoTouch 3D, Thomas Gottschalk beziehungsweise inzwischen Bully Herbig für Haribo, Helene Fischer für Douglas oder VW. Es ist noch gar nicht so lange her, dass es noch ein wenig anrüchig war, schnöde Werbung zu machen. Als die seinerzeitige Kultfigur Harald Schmidt etwa für McDonald's, T-Online, Nestlé oder Hexal zu werben begann, rümpfte manch Zeitgenosse noch die Nase, wie das denn zusammengehe, Produktwerbung (zudem zum Teil noch so zweifelhafte) einerseits und diese coole, intellektuelle Erscheinung andererseits; inzwischen ist das längst obsolet. Heute verschmelzen Sympathie- und Werbeträger geradewegs zwangsläufig.

Überhaupt sind alle Schranken gefallen, alle Bedenken weggewischt, wenn es um die Vermischung von Boulevard, der heute die Götter schafft, und Boheme geht. Vorbei die Zeiten, als man das noch tunlichst auseinanderhalten wollte, mittlerweile wissen Schauspieler, Models, Autoren, Fußballer oder Semiprominente ohne erkennbare Qualitäten, dass eine göttliche Aura erst dann möglich ist, wenn einen der Boulevard in den Himmel hebt.

Wir kennen dann die Namen von Schauspielern und wissen, mit wem sie gerade liiert sind, mit wem ihnen eine Affäre nachgesagt wurde oder wer Botox nimmt. Aber wir wissen nicht, wer eigentlich die Geschichten schrieb, die sie spielen, die Namen sind Schall und Rauch. Wir kennen die Namen des- oder derjenigen nicht, die das WLAN erfunden haben oder die Solarzelle. Wir wissen nicht, welcher Astronaut gerade im All kreist oder wer das ist, der an dem komplizierten System arbeitet, das die Höhe der Renten im Land errechnet. Wir bewundern keine Wirtschaftspioniere, wenn sie nicht auch schillernd oder glamourös erscheinen wie Steve Jobs (Apple) oder Mark Zuckerberg (Facebook). Wir widmen uns nicht mehr ausgewählten und beständigen Wortgewaltigen wie Heinrich Böll oder Christa Wolf, von deren Werken, von deren Œuvre man noch ehrfürchtig sprach. Nein, gespeichert sind Daniela Katzenberger, Verona Pooth oder eben Kim Kardashian.

Vielleicht abgesehen vom Dalai Lama. Der aber auch wie ein Popstar wahrgenommen wird. Einer, dem andere Götter (Sharon Stone, Jim Carrey, Eva Longoria) huldigen. »Gucken Sie sich die Tibeter an, wie arm sie sind, materiell gesehen. Und dann gucken Sie sich an, wie glücklich und wie friedlich sie sind, und ihre Lebenseinstellung, mit der sie ihren Weg gehen. Das ist einfach fantastisch. Es geht unter die Haut. Es sind die Herzen der Menschen, die Tibet zum Shangri-La, zum Paradies machen.« Sagt Brad Pitt. Das Popikonische verhindert allerdings einen unverklärten Blick. Ein amerikanischer Reisebericht aus dem Jahr 1950 dokumentiert zum Beispiel die archaischen Zustände im alten Tibet. Gefangenen sollten seinerzeit Nasen und Ohren abgeschnitten werden, erst als die Amerikaner protestierten, wurde die Strafe gemildert: zweihundertfünfzig Peitschenhiebe. Besonders gefürchtet bei der einfachen Bevölkerung sei im allzeit friedfertigen und vorbildlichen Tibet die tibetische Mönchspolizei gewesen; dass etwa Männern die Augen ausgestochen wurden, war im alten Tibet eine durchaus übliche Strafe, abgeschlagene Arme zeugten zum Beispiel von üblen Urteilen. Die Mehrheit der Tibeter gehörte ihrem Feudalherrn. Ohne seine Erlaubnis durften diese Leibeigenen nicht einmal den Hof verlassen. Das war Tibet noch in den 1950er-Jahren, vom Dalai Lama regiert. Professor Jens-Uwe Hartmann, Tibetologe von der Berliner Humboldt-Universität, schreibt dazu: »Die Gesellschaft war streng hierarchisch organisiert. Es gab eine Art von Leibeigenschaft, es gab durchaus drakonische Strafen, bis hin zu körperlicher Verstümmelung und Auspeitschungen. Und all dies zeigt uns, dass die Gesellschaft nicht ganz so ideal gewesen sein kann, wie sie uns immer wieder im Rahmen dieses Mythos Tibet vorgeführt wird.«

Noch nie haben wir in einer Gesellschaft gelebt, die so große Stücke auf die Freiheit des Individuums, auf Autonomie, Selbstständigkeit und Selbstverantwortung setzte, noch nie schienen wir als gesellschaftliches Ganzes jenen Gebilden fern, die streng hierarchisch aufgebaut waren und einen ordentlichen Führerkult pflegten. Und gleichzeitig gieren wir – und blenden dann gern unangenehme Wahrheiten aus, das ist so, wenn man glaubt – nach Leitfiguren und deren Geboten, nach deren Aufmerksamkeit und deren Urteilen, die für die Konstituierung unseres Selbst offensichtlich notwendig sind.

Leitfiguren, Gebote, das klingt zunächst einmal groß, geht dann aber in der Realität meist ein, zwei oder drei Nummern kleiner vonstatten: Der TV Sender Viva suchte zum Beispiel jahrelang in einer Show namens *Are you hot* das »heißeste Mädel« beziehungsweise den »coolsten Typen«. Neben »Attraktivität« und »Sex-Appeal« waren dabei »Ausstrahlung, Präsenz und ein gesundes Körpergefühl gefragt«. Die Kandidatin, der Kandidat kam unter dem Beifall des Publikums – meist halb nackt – auf die

Bühne, stellte sich zur Schau und wurde anschließend von einer Jury, der die unglaubliche Gülcan Kamps (damals noch: Karahanci) vorsaß, begutachtet und bewertet. »Ich geb dir für deinen Body dicke neun Punkte« oder so was in der Art, und der Kandidat freute sich, als hätte er eine Erscheinung gehabt, und umarmte seinen neben ihm stehenden Mitkandidaten.

Warum tun Menschen so etwas? Warum begeben sie sich freiwillig in einen Zusammenhang, in dem wildfremde Menschen Urteile fällen wie ein Priester in der Kirche? Nachdem sie die Schule abgeschlossen haben und doch eigentlich froh sein sollten, einem unfrei und mies gelaunt machenden Benotungssystem entkommen zu sein? Warum freut man sich über neun Punkte von Gülcan? Weil wir wissen wollen, ob wir gut oder böse sind, hot or not, wir wollen geführt werden, wir brauchen eine Ansage. Wenn schon nicht von Gott, dann wenigstens von Gülcan. Gülcan ist Gott. So eine Art Gott jedenfalls, Gott-Ersatz. Wenn die Botschaft »Du sollst nicht begehren deines Nächsten Weib« irgendwie nichtssagend geworden ist, dann geht das halt über die Antwort auf die Frage »hot or not« (sofern man da überhaupt von einer richtigen Frage sprechen kann).

Ein schöner Nebeneffekt immerhin ist, dass gottgleiche Wesen wie Gülcan grandiose Textzeilen an deutschem Liedgut hervorbrachten. Wie bei Jan Delay, in »Little Miss Anstrengend«:

»Ich dachte immer die, die die Beziehung erfanden,
dachten,

dass sie was schönes Entspanntes schaffen,
Etwas was guttut, so wie nach Sylt fahrn,
und nicht etwas, was nervt wie hundert Stunden
Gülcan.«

Das ist das selig machende Prinzip: sich vor einer Jury nackt zu machen, sinnbildlich oder tatsächlich, freiwillig vor eine strafend dreinblickende Jury zu treten und zu singen, zu tanzen oder aufs Klo zu gehen und sich vor laufender Kamera zu duschen. Und dann Punkte oder Zensuren zu bekommen, zu erheischen, wie in der längst überwunden geglaubten Klippschule. Gib's mir, Jury!

In den letzten Jahren haben wir es zunehmend mit einer ausufernden Wettstreit-Kultur, mit einer Kultur des Herausforderungen-Suchens, nein, heute sagt man wohl: einer Challenge, zu tun. *Deutschland sucht den Superstar* (DSDS), *Voice of Germany*, *Eurovision Song Contest* (ESC), *X-Faktor*, *DSDS-Kids*, dazu *Dschungelcamp*, *Big Brother* und weiß der Geier, was noch. Man hat den Überblick verloren, welcher Promi in welcher Jury sitzt und wer wann welche Staffel des jeweiligen »Contest« gewonnen hat.

Warum sind so viele Menschen so scharf darauf, mitzumachen, mitzuzuschauen, mitzureden? Warum knien so viele Talente und Möchtegerntalente – zumindest sinnbildlich – nieder und lassen sich von einem strafenden Gott (Dieter Bohlen) abkanzeln: »Stell dich mal vor den Spiegel, das kommt scheiße rüber.« »Das Einzige, was du kannst, ist als Geruch auf'm Fischkutter arbeiten.« »Du gehörst zu dieser musikalischen Abteilung ›Bildschirmschoner‹. Da passiert nix.« »Ne Stimme zum Niederknien, aber nur, damit man sich nicht auf die Füße kotzt.« Weil wir vor einer Art Jüngstem Gericht stehen, das wiederum alttestamentarisch berserkerhaft daherkommt, brauchen wir das. Mehr davon! Die Evangelische Kirche in Deutschland (EKD) witterte übrigens schon frühzeitig die Konkurrenz, und der seinerzeitige Ratsvorsitzende Bischof Wolfgang Huber mokierte sich darüber: Wer Menschen so – wie Dieter Bohlen – verachte, beleidige Gott und verletze die »Würde des Menschen«.

Neben den Bohlens, Katzenbergers und Schweinsteigers haben wir es mit Göttern zu tun, die fiktive Charaktere sind, sie heißen Neo, Katniss Everdeen oder Harry Potter: Fantasy-Geschichten der letzten Jahre waren nicht nur als Buch oder Film so überzeugend, weil sie schön, spannend, sprach- oder bildgewaltig daherkamen, sondern weil sie allesamt ein ähnliches, religiöses Grundmuster bedienten: Alle Helden hätten Zimmermänner (oder -frauen) sein können, aber nein, sie sind zu etwas anderem bestimmt: die Welt zu retten, zu erlösen! Sie verfügen zumeist über außergewöhnliche, übernatürliche Kräfte, einen unbändigen Willen und sind scharfsinnig und bescheiden. Es gibt in all diesen Geschichten mindestens einen Judas. Zum Teil müssen sie sich opfern (Neo), damit die Welt gerettet wird und die Geschichte gut ausgeht. Neo (in *Matrix*) ist ganz klar ein Jesus-Verschnitt, Harry Potter zunächst ein Erlöser wider Willen, aber mit außerordentlich starken, übersinnlichen Kräften. Katniss Everdeen (*Die Tribute von Panem*) kommt nicht nur wie ein weiblicher Jesus daher, jemand, der unerschrocken der weltlichen Macht und Dekadenz entgegentritt (wie Jesus im Tempel), sie nimmt – und das ist bei einem globalen Massenpublikum, das die Trilogie verfolgt, besonders erstaunlich – Anleihen auch aus anderen religiösen Kontexten: Bereits zu Anfang der *Tribute* wird sie dabei gezeigt, wie sie allein und tief in den Wäldern ein Reh jagt, sie wirkt in diesen Szenen wie eine Neugeburt der Artemis, der griechischen Göttin der Jagd, und diese Assoziation ist sicher nicht zufällig gewählt. Nicht nur, dass Katniss und Artemis beide Pfeil und Bogen als ihr Markenzeichen auserkoren haben, Artemis steht in der griechischen Götterwelt nicht nur für die Jagd, sondern symbolisiert als jungfräuliche Gottheit auch Unabhängigkeit und Stärke gegenüber Männern, sie gilt als unbeugsam und ist gleichzeitig eine Schutzgöttin für Frauen und Schwangere (also die Schutzbedürftigen in einer Gesellschaft).

Professorin Ingrid Paus-Hasebrink, Kommunikationswissenschaftlerin und Expertin für Helden, Götter, Stars und Idole bei Heranwachsenden, sagt auf die Frage, was überhaupt ein Held ist: »In mythologischen, schriftlosen Kulturen war der Held eher ein vulgärer Sieger im Kampf, mit dem Beginn des bürgerlichen Zeitalters ist er so etwas wie ein tugendhafter Mahner geworden. Im Althochdeutschen kommt der Begriff von helan – also bedecken, beschützen. Und das sollte für einen Helden auch heute noch gelten.« Helden für Kinder – und Jugendliche seien mehrheitlich Figuren aus dem Film, dem Sport, also Luke Skywalker, Spider-Man, Schweinsteiger. In der modernen Gesellschaft entstünden Helden durch Massenmedien.

Durch Starkult. Wir fänden kaum noch Helden, die nicht auch vermarktet wurden, crossmedial, über verschiedene Medien. »Nehmen wir Harry Potter. Der ist für viele Kinder ein Held. Harry Potter gab es zunächst als Buch, dann als Film, Computerspiel, Bettwäsche.« Wenn Figuren, wie etwa Harry Potter, omnipräsent sind – und sie werden dies durch crossmediale Vermarktungsstrategien –, dann prägten sie sich Kindern auch intensiver ein. »Menschen brauchen, Menschen wollen Orientierung, Kinder ganz besonders. Deshalb verlangen sie nach Helden und Heldengeschichten. Bei *Spider-Man* oder *Dragonball Z*, da finden wir quasi Märchenstrukturen, da wird erzählt, wie die Helden Prüfungen bestehen, mutig sind, sich beweisen müssen und am Ende natürlich siegen. Dieses Bedürfnis, sich an einem Gegenüber zu orientieren, kommt Kindern ganz stark entgegen. Da werden mediale Stellvertreter ausgesucht, die die Kräfte haben, die sich Kinder wünschen. Die Gründe für diese spezifische Heldenwahl haben stark mit den lebensweltlichen Hintergründen der Kinder zu tun. Ich bin in einer Studie einem Jungen begegnet, er war dreizehn, ich glaube zu einem Viertel arabischer Herkunft, und wurde oft gehänselt und gemobbt. Der Junge hat sich mit einer Vehemenz für eine Figur begeistert, die aus *Dragonball Z* kommt – dem Vegeta, das ist ein ganz außergewöhnlicher Held, auch eher ein Außenseiter. Damit konnte sich der Junge identifizieren, und er hat sich gewünscht, genauso stark zu sein wie Vegeta, um sich wehren zu können.«

Dystopien wiederum (wie in *Die Tribute von Panem*; sie spielen in vielen Blockbustern eine große Rolle) dienen, so die Germanistik-Professorin Gabriele von Glasenapp, »in erheblichem Maße dazu, Missstände, Ängste und Übel der jeweiligen Gegenwart zu spiegeln«. Davon gibt es reichlich, es wird ja täglich der Teufel an die Wand gemalt. Wir glauben zwar nicht mehr an die christlichen Vorstellungen vom Paradies und an das Paradies überhaupt, aber die Apokalypse, das nahende Ende der Welt und das Jüngste Gericht wittern wir allenthalben. Apokalyptische und über das Ende der Welt raunende Passagen aus der Bibel schwirren uns offensichtlich im Kopf herum, ihr Äquivalent findet sich in den täglich über uns hereinbrechenden, von uns geradezu beschworenen Weltuntergängen: Das wirtschaftliche und klimatische Ende der Welt, so wie wir sie kennen, ist immerzu nah. Börsen-Beben, Finanzkrise, Schuldenberge, Euro-Krise, Vogelgrippe, Schweinegrippe, BSE, Klimawandel, Treibhauseffekt, abschmelzende Polkappen, Eisbären-Sterben, Waldsterben, Integrationsdilemma, Gammelfleischskandal, Terror sowieso, abgesehen von den mittelschweren »Beben« wie Koalitionskrisen, allgemein zunehmender Fettleibigkeit oder dem Scheißsommerwetter – die Apokalypse ist andauernd nah, ganz nah, nur gut, dass wir Neo, Katniss, Bohlen und Schweinsteiger an unserer Seite wissen.

DAS DRITTE GEBOT

Du sollst den Samstagnachmittag heiligen.

EIGENTLICH
Du sollst den Feiertag heiligen.

Die Wände sind »kardinalrot«, der Raum ein Oval aus purem Gold mit achtzehn Bibelversen an den Wänden: Es heißt, die Stadionkapelle im Berliner Olympiastadion sei die schönste der Welt. Sie wurde 2006 zur Fußballweltmeisterschaft eingerichtet, vor dem Viertelfinale Deutschland – Argentinien waren die Spieler der deutschen Fußballnationalmannschaft hier und beteten für den Sieg. Das haben die schwer katholischen Jungs der argentinischen Mannschaft wahrscheinlich auch gemacht, bestimmt sogar inbrünstiger, wie man es von leidenschaftlichen Südamerikanern gewohnt ist, in der Kabine, auf der Massagebank oder im Tunnel zum Spielfeld, aber die Deutschen hatten das bessere Ende für sich. Vielleicht lag es an den schönen Räumlichkeiten, aus denen heraus die Gebete besser erhört wurden? Obwohl sich dann schon eine Grundfrage stellt: Wenn die Spieler der einen Mannschaft für den Sieg beten und die der anderen auch, hebt sich das dann nicht sowieso auf? Oder gibt es doch einen Fußballgott, der richtet? Warum beten eigentlich Fußballer und Fans vor dem Spiel und bitten um Beistand, warum gehen sie davon aus, dass Gott ihnen diesen Beistand gibt, ihnen, und den anderen nicht? Weil der Fußballer der bessere Christ ist, wenn er unter seinem Trikot ein T-Shirt mit dem Slogan »Jesus liebt dich« trägt, er ergo nicht nur ein geiler Kicker ist, sondern sich damit auch als besonders guter Botschafter des Herrn ausweist? Ist Gott nicht gerecht, sind nicht alle gleich vor ihm? Oder wird beim Fußball eine Ausnahme gemacht?

Wie auch immer: Fußball ist die Religion der Erlebnisgesellschaft. Jede Woche werden in den Stadien messeähnliche Rituale praktiziert, Soziologen sprechen vom »Stadion als Kathedrale«. Der Theologe Hans Küng sagte – offenbar schwer beunruhigt – Folgendes: »Der Fußball kann eine ernsthafte Konkurrenz zur Religion sein. Er kann Ersatzreligion werden. Man spricht ja sogar vom Gott Fußball. Und das Ritual im Stadion zeigt deutliche Parallelen zur Liturgie. Wenn Leute einen Pokal küssen, erinnert das an das Küssen von Ikonen. Wenn der Pokal hochgehoben wird, erinnert das an das Zeigen der Monstranz. Aber nicht das einzelne Phänomen als solches ist entscheidend, sondern die gesamte Stimmung, die dem Einzelnen suggeriert, das, was er gerade erlebt, sei das Größte. Wenn der Fußball nur die Leere des Kopfs und des Herzens füllt und sonst nichts drin ist, wird's gefährlich.«

Fußball ist nicht nur die Nummer eins unter quasireligiösen Handlungen (zumindest unter Männern), Fußball ist auch Konkurrent Nummer eins für die Kirche: Je mehr die Kirche an Einfluss verliert, desto mehr gewinnt der Fußball, beziehungsweise umgedreht: Je größer die Präsenz des Fußballs im gesellschaftlichen und individuellen Bewusstsein, desto schwerer hat es die Kirche. Das 20. Jahrhundert war das Jahrhundert des rasanten Bedeutungsverlustes von Religion – zumindest von christlicher Religion in hiesigen Breiten –, gleichzeitig stieg der Fußball zu einem die Massen erreichenden, medial und ökonomisch bedeutsamen gesellschaftlichen Ereignis auf.

Kein Wunder, dass man kirchlicherseits pikiert ist, wenn Vergleiche gezogen werden. »Fußball darf keine Ersatzreligion werden. Auch wenn oft vom heiligen Rasen die Rede ist, Fußball ist keine Religion«, sagte etwa der Braunschweiger Landesbischof Friedrich Weber. Denn: »Dafür steht die Religion auch auf der Seite der Verlierer.« Was natürlich Quatsch ist, wenn das implizieren sollte, dass Fußball nicht bei den Verlierern sei, sondern nur die Sieger kennen würde: Natürlich geht es beim Kicken ums Gewinnen, aber als Fan, als wahrer Fan, nicht als »Erfolgsfan«, steht man selbstverständlich gerade und erst recht bei einer Niederlage zu seinem Verein, man geht durch dick und dünn. Fan ist man in »guten wie in schlechten Zeiten«, das gilt beim Fußball noch viel mehr als für den heiligen Bund der Ehe. »Vor Gottes Angesicht nehme ich dich an als meinen Mann/meine Frau. Ich verspreche dir die Treue in guten und schlechten Tagen, in Gesundheit und Krankheit, bis der Tod uns scheidet. Ich will dich lieben, achten und ehren alle Tage meines Lebens.« Ausgesprochen, versprochen, gesegnet vom Priester, und doch wissen wir inzwischen alle, dass die Liebe zwischen Mann und Frau (oder zwischen Mann und Mann beziehungsweise Frau und Frau) ziemlich schnell in die Brüche gehen kann, und dann war's das mit der Treue »in guten und schlechten Tagen« und mit »bis der Tod uns scheidet«. Das läuft ganz anders bei der Liebe zu einem Fußballverein. Fan, treuer Fan eines Vereins ist man im Grunde das ganze Leben. Bis zum Tod. Es ist unter Hardcore-Fans durchaus guter Brauch, seinen gerade erst geborenen Sohn im väterlich bevorzugten Verein anzumelden, die Vereine haben dafür extra Tarife, Schalke 04 zum Beispiel gibt als Mitgliedsbeitrag für Kleinkinder zwischen null und sechs Jahren drei Euro an.

Bis der Tod uns scheidet: Auch gibt es immer mehr Interesse an sogenannten Fanbegräbnissen, wobei viele Interessenten mit ihren Sehnsüchten noch an den strengen deutschen Friedhofsverordnungen scheitern. In England zum Beispiel, im legendären Old Trafford, dem Stadion von Manchester United, kann man nicht nur heiraten, sondern eben auch seine Urne unter dem Rasen bestatten lassen. Das ist durchaus keine Ausnahme, bei anderen englischen Vereinen kann man nach dem Tod seine Asche auf dem Rasen verstreuen lassen, ebenso ist das Anbringen von Gedenktafeln im Stadion möglich. In Deutschland beginnen die Vereine zumindest nach Alternativen zu suchen, um den zunehmend dringlichen Wünschen ihrer Fans wenigstens halbwegs nachzukommen. Der Hamburger SV und Schalke 04 bieten Beisetzungen auf eigens eingerichteten Fußballfriedhöfen an; speziell abgesteckte Areale auf bereits bestehenden Friedhöfen, die in Stadionform angelegt und mit Blumen in den Vereinsfarben bepflanzt sind. Den Fans geht das freilich nicht weit genug, vor allem Ascheverstreuungen auf dem Vereinsgelände oder im Stadion, am besten natürlich auf dem heiligen Rasen selbst, werden gefordert und herbeigesehnt.

Der Begriff »Fan« leitet sich übrigens vom lateinischen Wort »fanaticus« ab, was mit »göttlich begeistert« übersetzt werden kann. Göttlich begeistert sind inzwischen nicht mehr nur Männer, Fußball ist zu einem Spektakel für die ganze Familie geworden, längst ist das keine Männer-Bastion mehr, in der alkoholgeschwängerte Kerle die Sau rauslassen (gibt's am Rande auch noch, ja, aber nur am Rande), sondern eine Angelegenheit für Väter, Mütter und Kinder gleichermaßen. Das seit der WM 2006 zu einer Institution gewordene Public Viewing, die Fanmeilen und die kultische Verehrung der Stars sprechen Bände. Spieler wie Götze, Reuss oder Schweinsteiger (BASTIAN SCHWEINSTEIGER FUSSBALLGOTT brüllte die Südkurve, sobald Schweinsteiger mit irgendeiner mehr oder weniger bemerkenswerten Aktion auffiel) kennt jedes Kind, sogar jeder einst eher dem Spiel in rigoroser Abneigung verbundene Fußballverächter weiß jetzt, um wen es sich handelt.

Die höchste, fern jeder irdischen Bezüge handelnde Instanz, die mehr Mitglieder als China oder Indien Einwohner hat, ist im Übrigen der Weltfußballverband FIFA. Bei den jüngsten Ermittlungen aufgrund mafiaähnlicher Korruption wurde auch noch einmal deutlich, wie abgehoben und göttergleich sich der Dachverband selbst sieht. Als die Kritik an ihrem Präsidenten Sepp Blatter immer größer und erste Ermittlungen gegen ihn durch das FBI angedeutet wurden, empörte sich ziemlich mitgenommen und symbolträchtig der Chef des Fußballverbands von Guinea-Bissau, Manuel Nascimento Lopes, über die Angriffe auf Blatter: »Ich bin Christ, und das ist Blasphemie!« Klar, um nichts anderes als Gotteslästerung geht es hier.

Fußball bringt alles mit sich, was die Kirche auch hat, zum Beispiel einen festen Termin. Wir erinnern uns kaum noch an die Zeiten, als dieser Termin der Sonntag war, der Tag, an dem man explizit Pause machen und den Herrn loben und sich gefälligst in die Kirche zu begeben hatte. Heute gefragt, welcher Termin für alle oder zumindest mehrheitlich der Termin der Deutschen ist, kommt man entweder auf Samstag 15.30 Uhr (Anstoß der Fußballbundesliga) oder auf 18.00 Uhr (Sportschau). Wobei diese »Kirche« inzwischen so voll ist und sich vor Ansturm kaum retten kann, dass inzwischen die Messe auf alle möglichen anderen Tage ausgedehnt werden muss. Bundesliga gibt es jetzt auch Freitag um 20.00 Uhr, oder Samstagabend, es gibt Sonntagsspiele, Montag ist die 2. Bundesliga dran, Dienstag, Mittwoch und Donnerstag ist

Champions League beziehungsweise Europa League. Fußball ist immer; mögen Naturkatastrophen, Banken- oder Beziehungskrisen auch über uns hereinbrechen, für Trost ist allzeit gesorgt, irgendwo läuft garantiert ein Spiel, zur Not kann man sich eines in einer Mediathek anschauen oder in den gut frequentierten Internet-Fußballforen seines Vereins über Marktwerte der Spieler, Aufstellung oder taktische Ausrichtung, die Karrieren von Exspielern oder Spielerfrauen debattieren. Fußball ist immer – wobei es eine Bewegung gab (und gibt), eine Bewegung von Traditionalisten und streng Gläubigen, die das gar nicht mehr gut finden und »Samstag, 15.30 Uhr« für heilig erklären. Die Entzerrung der Spieltage im Sinne der TV-Sender sei ein untrügliches Zeichen für den den Fußball auf lange Sicht schädigenden Kommerz. Allerdings ist der Effekt von »Pro Samstag 15.30 Uhr« gleich null, im Moment ist eher das Gegenteil zu beobachten, nämlich und wie schon beschrieben, dass Fußball immer ist.

Fußballstadien sind unübersehbar, groß, gewaltig, erfüllt mit Licht (abends bei Flutlicht jedenfalls) und einer schwer zu beschreibenden Energie. Wer je einen »Fußball-Tempel« betreten hat, weiß, was ich meine. Schon auf dem Weg ins Stadion formiert sich die Gemeinschaft, mit ansteckenden, kraftvollen Gesängen geht es vorwärts. Wo wird denn sonst noch gesungen, sich in Stimmung gebracht? Im Stadion dann nimmt man Platz, besser: steht in Fankurven, die wie Emporen erscheinen; in der ersten Hälfte des 20. Jahrhunderts wurde vor englischen Cup-Finalspielen das Kirchenlied »A bide with me« (»Bleib bei mir, Herr«) angestimmt.

Wo singen Männer noch freiwillig und mit solcher Inbrunst und Leidenschaft? In der Kirche? Das eigentliche Urlied der Fußballfans, das noch heute nachgesungen wird und für göttlichen Stadiongesang steht, ist »You'll Never Walk Alone« von Richard Rodgers (Musik) und Oscar Hammerstein II (Text). »You'd Never Walk Alone« ist das Finale des 1945 uraufgeführten Broadway-Musicals *Carousel*. Der Songtext handelt von einer schwangeren Frau, die ermutigt wird, über den Tod ihres Mannes hinwegzukommen, ein Lied, das in seiner tröstenden, emphatischen Art erfüllt ist vom Gefühl christlicher Nächstenliebe.

Wenn du durch einen Sturm gehst
Halte deinen Kopf oben und fürchte dich nicht vor der Dunkelheit
Am Ende des Sturms ist ein goldener Himmel
Und das süße, silberhelle Lied einer Lerche
Gehe weiter durch den Wind
Gehe weiter durch den Regen
Auch wenn sich alle deine Träume in Luft auflösen.
Geh weiter, geh weiter,
Mit Hoffnung in deinem Herzen
Und du wirst niemals alleine gehen
Du wirst niemals alleine gehen
Geh weiter, geh weiter,
Mit Hoffnung in deinem Herzen
Und du wirst niemals alleine gehen
Du wirst niemals alleine gehen

Fürchte dich nicht! Was für ein Trost spendender, Gemeinschaft herstellender, hoffnungsvoller Text. Du wirst niemals alleine gehen. Weil Jesus immer an deiner Seite sein wird und seine schützende Hand über dich hält? Nein. Weil der Fußball da ist. Das Spiel. Der Verein. Die Fans.

Wer einmal Liverpool-Fans »You 'll never walk alone« singen gehört hat (da nahm alles seinen Anfang), oder die Fans von Borussia Dortmund »Ich hab mein Leben dir vermacht, jeden Tag und jede Nacht! Forza BVB! Schwarz und Gelb olé! Ich geh mit dir, wohin du willst, auch bis ans Ende dieser Welt«, erlebt einen Rausch, der spürt – tatsächlich körperlich – eine unglaubliche Kraft. Dagegen ist ein Gottesdienst in einer evangelischen Kirche mit seinen leiernden, alles andere als inbrünstigen, zudem zumeist textunsicheren Gesängen eine Schmach und ein Zeichen dafür, dass es um die Kirche nicht gut bestellt sein kann. Kein Wunder also, dass man sich inzwischen mit Fußballvereinen arrangiert: Am Tag vor Heiligabend treffen sich in Berlin seit ein paar Jahren im Stadion »An der Alten Försterei« die Fans des 1. FC Union Berlin zum Weihnachtssingen. 2014 kamen fast dreißigtausend Fans, inzwischen müssen sie Tickets kaufen, da bis dato bei kostenlosem Eintritt das Stadion völlig überfüllt war. Sie singen bei Kerzenschein im Stadion Weihnachtslieder und Songs des Klubs aus der Hauptstadt. Bevor gesungen wird, gehört traditionell das Verlesen der Weihnachtsgeschichte durch den Köpenicker Pfarrer Peter Müller – selbstverständlich Union-Mitglied – dazu.

DAS VIERTE GEBOT

Du sollst deine Frau beziehungsweise deinen Mann ehren, aber vor allem dein Kind.

EIGENTLICH

Du sollst deinen Vater und deine Mutter ehren.

Es ist noch nicht lange her, dass der Familie und familiären Strukturen das Ende prophezeit wurde, es wurde geunkt, dass wir uns demnächst in einer vereinsamten Single-Gesellschaft wiederfinden würden. Überall trübe vor sich hin stierende Einzelkämpfer, ohne soziale Bindung, vielleicht beruflich erfolgreich und in schick designten Wohnungen lebend, aber ohne Familie, die den Einzelnen auffängt und die Gesellschaft als Ganzes eigentlich konstituiert, stabilisiert und zuvörderst zum Wachsen und Gedeihen des Gemeinwesens beiträgt. Die Familie als Keimzelle der Gesellschaft – das ist zwar ein Gedanke von Karl Marx, wird aber in jeder Sonntagspredigt und in jedem kirchlichen Grundsatzpapier oder sonstigem Statement (wovon es jeweils bekanntlich viele gibt) zur Lage der Familien, zur Ehe, zur Liebe überhaupt oder zum ganzen sozialen Miteinander gern wiederholt.

Zwar mögen die Zahlen noch etwas anderes aussagen, aber die sollte man sich schon genau anschauen: 13,4 Millionen Menschen in Deutschland wohnen in einem Einpersonenhaushalt. So ist die Single-Wohnung mit 37,2 Prozent inzwischen der häufigste Haushaltstyp. Aber in diesen Single-Wohnungen leben vor allem Menschen, die älter als vierundsechzig sind. Man muss also davon ausgehen, dass der Grund dafür der Tod des jeweiligen Partners ist. Außerdem wohnen in Single-Wohnungen Menschen, die wiederum jünger als dreißig sind, bei denen die Paarungszeit ergo noch nicht abgeschlossen ist. Dazwischen aber ist ein ganz anderer Trend zu beobachten: Die Sehnsucht nach Familie, nach heiler beziehungsweise heiliger Familie ist wieder stark im Kommen; es scheint sogar, als gebe es auch einen Trend, sich wieder zu verloben, etwas, von dem man gedacht hätte, es sei so altmodisch und vergessen wie Stricken oder Angeln (aber auch da verkennt man gern die Realität – sowohl Stricken als auch Angeln sind schwer im Kommen beziehungsweise sind nie wirklich aus der Mode gewesen).

Mit der endgültigen Partnerwahl mag man sich heute Zeit lassen, aber dann, wenn es so weit ist, ist kein Gutshaus groß und hübsch genug für eine bombastische Hochzeit mit allen Eheversprechungen und allem Brimborium. Zuvor wird noch schnell nach amerikanischer Art der Junggesellenabschied mit Stretch-Limo und Mega-Besäufnis zelebriert, aber dann geht's los. Für die, die mit der Kirche abgeschlossen haben, gibt es sogar die Möglichkeit, Gottes Segen ohne Kirche zu bekommen. Selbstständig arbeitende Theologen bieten die freie Trauung für Paare an, die heiraten wollen. Unabhängig von Weltanschauung oder Religionszugehörigkeit trauen diese Theologen jedes Brautpaar. Jochen Jülicher aus Köln, Mitglied der Arbeitsgemeinschaft Freier Theologen, sagt, zu ihm und seinem Team kämen junge Leute, weil sie keinen realen Bezug zur Kirche haben und trotzdem spirituell heiraten wollen. Auch Geschiedene, die nicht mehr katholisch heiraten können, wählen den Weg der freien Trauung, also einer Hochzeitsfeier außerhalb von Kirche und Standesamt. Das Brautpaar entscheidet, welche Rituale – ob kirchlich oder nicht – es vornehmen möchte.

Die Zahlen über einen neuen Partnerschaftsboom mögen insgesamt noch nicht berauschend sein, immerhin wurden 1950 noch über siebenhundertfünfzigtausend Ehen geschlossen, 2013 nur gut dreihundertdreiundsiebzigtausend. Aber nicht umsonst hat sich der juristische Begriff von der »eheähnlichen Gemeinschaft« durchgesetzt, viele Paare führen heute Beziehungen ohne Trauschein, aber es läuft eigentlich aufs Gleiche hinaus. Denn die Sehnsucht nach heiler Familie, die Sehnsucht nach Kindern (auch wenn es nicht mehr so viele wie noch vor Jahren und Jahrzehnten sein müssen), die Sehnsucht nach

Reihenhaus, Vorstadtidylle oder gleich dem Häuschen auf dem Land ist unheimlich stark. Selbst beziehungsweise gerade die Mittelschicht in den großen Städten, diejenigen, denen man noch vor nicht allzu langer Zeit misstraute, dass sie in der Lage und überhaupt willens sind, feste Beziehungen zu knüpfen, die will es wissen. Auch unter Schwulen und Lesben scheint es keine dringendere, politischere Frage zu geben als die nach der Möglichkeit, heiraten zu können wie Heterosexuelle. Die entstehenden engen Familien-Bande sind bedeutungsschwer und halten dem Vergleich mit der Heiligen Familie Maria, Josef und Jesus stand. Und im Zentrum des Ganzen steht alsbald das Goldene Kalb, ah, sorry, das Goldene Kind. Das goldige Kind.

Interessant ist in dem Zusammenhang, dass die das Leben und die Jahre strukturierenden Feiertage völlig neu gewichtet werden – und zwar weg von religiösen, göttlichen oder Gott ehrenden, demütigen Festen, hin zu den Liebsten, dem Partner, dem Kind huldigenden neuen Bräuchen. Ein die Liebe, die Paarbeziehung meinender »Feiertag« wie der Valentinstag ist aus den USA herübergeschwappt und hat auch hier bei uns in den letzten Jahren enorm an Bedeutung gewonnen. Ein Brauch, der – was wahrscheinlich kein Mensch weiß – tatsächlich sogar auf einen christlichen Märtyrer namens Valentinus zurückgeht, der der Überlieferung zufolge das Martyrium durch Enthaupten erlitten habe. Ein Feiertag, der noch nicht mal arbeitsfrei ist, der vor – sagen wir – zehn, fünfzehn Jahren überhaupt noch keine Rolle spielte, ist inzwischen zu einem opulenten Fest für Blumenhändler, Schokoladenfabrikanten und Goldschmiede geworden, das medial zelebriert wird und Männer wie Frauen gleichermaßen in seinen Bann zieht.

Immer wieder wird darauf verwiesen, dass der Mensch zum Menschsein Rituale brauche, sonst sei er verloren. Die Kirchen werden – vor allem an Weihnachten – nicht müde zu betonen, wie wichtig das »Innehalten«, die »Besinnung«, das »Raus-aus-dem-Alltag« für das Seelenheil und die Gesamtverfassung der Gemeinschaft ist. Das mag auch gar nicht falsch sein, aber der Sinn, wofür diese Auszeiten heutzutage genutzt werden, ändert sich rapide. Nicht nur – noch mal das Klagelied der Kirchen mit anstimmend –, dass an christlichen Feiertagen wie Weihnachten oder Ostern nicht das gefeiert (oder betrauert) wird, was eigentlich Grund für den Feiertag ist, nämlich die Geburt beziehungsweise Kreuzigung beziehungsweise Auferstehung Jesu. Inzwischen ist großen Teilen der geneigten Zeitgenossen überhaupt nicht mehr klar, worum es Weihnachten oder Ostern eigentlich einst ging. Ganz zu schweigen von Pfingsten; wer weiß schon noch, dass an Pfingsten die Ausgießung des Heiligen Geistes und die Gründung der Kirche gefeiert wird. Christi Himmelfahrt wird zunehmend mit einem ganz anderen Herrentag verbunden, nämlich dem der realen Kerle da draußen. Die sich am »Herrentag« aufs Fahrrad schwingen und mit Fliederzweigen geschmückt ins Grüne begeben oder sich mit Bollerwagen aufmachen, dabei raue, laute Männergespräche führen und sich vor allem die Hucke vollsaufen, ohne dass die zu Hause gebliebene Mutti an diesem Tag etwas einwenden darf beziehungsweise möchte.

Was den Männern der Herrentag, ist den Frauen der Frauentag oder Muttertag, da gibt es Dank, Blumen und nette Worte, was will frau mehr. Und auf die Kinder wartet Halloween. Halloween hat eine besonders erstaunliche, rasante Karriere hingelegt. Ein Fest, das noch vor wenigen Jahren in unseren Breiten kaum ein Mensch kannte und das nicht gefeiert wurde, ist mittlerweile für Kinder spannender und aufregender als Weihnachten und Ostern zusammen. Das enorme Selbstbewusstsein, zu dem Kinder heutzutage ermutigt werden und mit dem sie aufwachsen, findet in der kategorischen Aufforderung »Süßes oder Saures!!!« zu Halloween genau die richtige Entsprechung.

Der Kürbis ist vom Kompostgemüse zum Kultgegenstand geworden. Eigentlich wird hier ein Fest gefeiert, das eine dreitausend Jahre alte Tradition hat: Damals schon beschworen keltische Druiden die Seelen der Verstorbenen. Heute wird Halloween in der Nacht vor Allerheiligen (Was war das noch mal?) begangen – mit einer schrillen Party. Wie jedes Spektakel kommt auch dieses aus Amerika. Das heißt, seinen eigentlichen Ursprung hatte es in Irland, in Amerika aber wurde aus Halloween eine Brauchtumsblüte der Spaßkultur, und seit Ende der 1990er-Jahre feiert nun auch das gute alte Europa Halloween heftig mit, wobei vor allem auch die sonst karnevalistisch eher unterbelichteten deutschen Gegenden zuschlagen. Wie auch immer: Weihnachten ist eine Schenkschlacht, Ostern ein verlängertes Ausflugswochenende, aber zum Herrentag, zu Muttertag und zu Halloween rücken jeweils Mann, Frau und Kind ins Zentrum der Aufmerksamkeit, da wird tatsächlich der Nächsten Liebe gedacht: der Frau, dem Mann, und ganz besonders natürlich dem Kind.

Was Geburtenrate und Kinderwunsch betrifft, gehörte Deutschland im internationalen Vergleich schon lange zu den Schlusslichtern, nun sind wir sogar auf den letzten Platz weltweit abgerutscht. Einer Studie der Wirtschaftsprüfungsgesellschaft BDO und des Hamburgischen Weltwirtschaftsinstituts (HWWI) zufolge wurden in den vergangenen fünf Jahren im Durchschnitt nur 8,2 Kinder je tausend Einwohner geboren, was noch unter dem Niveau des bisherigen Schlusslichts Japan mit 8,4 Kindern je tausend Einwohner liegt. Das mag quantitativ ein schlechtes Zeichen sein, über die Qualität, über den Umgang, über die Hingabe, über die Aufmerksamkeit, die wir unseren Kindern widmen, sagt das nichts aus. Auf Spielplätzen, in Kitas, Grundschulen, in Zeitungen oder Zeitschriften kann man schon seit geraumer Zeit eine neue Elterngeneration beobachten, die sich mit ungeheurer Energie in das Abenteuer Familie stürzt und sich um ihre Kinder mit wohl noch nie da gewesener Fürsorge kümmert. Zumindest in der Mittelschicht ist das »Projekt Kind« zum Thema Nummer eins geworden und hat das »Projekt Karriere« oder das »Projekt Weltverbesserung« auf weit abgeschlagene Plätze verwiesen. Kinder sind heute weder »Armutsfalle«, noch werden sie als Hindernis bei der Selbstverwirklichung gesehen, wie das noch vor Jahren Tenor bei Debatten unter potenziellen Eltern war. Ganz im Gegenteil: Das Kind ist nicht einfach nur Kind und natürlicher Nachkomme, sondern erfüllt mehr denn je eine sinnstiftende Funktion.

Generationen haben miterlebt oder zumindest nachvollzogen, dass der Kampf um gesellschaftliche Utopien, um eine bessere, gerechtere Welt zumeist im gesellschaftlichen Desaster und nicht selten auch noch im individuellen Unglück endete. Was heißt schon »gerechte Welt«? Und vor allem: Wie stellt man die her? Und so haben sie sich denn mehr oder weniger vom großen Glauben und von umwälzenden Weltverbesserungsmaßnahmen verabschiedet und sich stattdessen, ausgestattet mit der nun überschüssigen Energie, an die neue Aufgabe gemacht – an das Kind.

Für die neue Elterngeneration ist das Kind tatsächlich gelebte und scheinbar schnell und überhaupt zu realisierende Utopie. Das Kind ist ein Versprechen, Unschuld, Natur, Freiheit, Hoffnung, Licht. Es ist jesusgleich. Das Kind erfährt Aufmerksamkeit, wie sie Kinder wohl noch nie zuvor erfahren haben, und das ist prinzipiell auch gut so: Was gibt es Besseres, als dass sich Eltern um ihre Kinder kümmern, anstatt die Zeit in Kleingartenkolonien oder SPD-Ortsvereinen, vor der Glotze, bei Überstunden oder beim Betreiben seltsamer Hobbys wie Laubsägearbeiten zu verbringen? Gleichzeitig wird das Kind zur Projektionsfläche uneingelöster Träume und Versprechungen. Veränderungen sind nur im Kleinen möglich, wurde der heutigen Elterngeneration jahrelang eingetrichtert, und das nimmt sie nun wortwörtlich.

Das Erziehungs- beziehungsweise Elterngeld, das seit 2007 gezahlt wird und eindeutig auf jene Mittelschicht-Eltern zugeschnitten ist, hat sein Übriges getan und vielen potenziellen Müttern und Vätern einen letzten Impuls gegeben, es mit dieser konkreten Utopie nun auch wirklich zu versuchen. Eine merkwürdige Pointe der Geschichte ist, dass die neue Müttergeneration, die eigentlich mit den Idealen der Geschlechter-Gleichberechtigung, der Selbstverständlichkeit von Studium, Beruf und eigenem Geldverdienen aufgewachsen ist, nun doch oft auch zu Hause bleibt. Doch wieder Kinder, Küche, Kirche? Nein, das dritte K fehlt. Mittlerweile ist im Zusammenhang mit Kinderwunsch und -aufzucht jedoch ein erstaunliches Comeback familiärer, längst hinter sich geglaubter Rollenbilder zu beobachten. Was seinen extremen Ausdruck etwa in den steilen Thesen der einstigen Tagesschau-Sprecherin und Buchautorin Eva Herman (*Das Eva-Prinzip. Für eine neue Weiblichkeit*) fand: »Wir müssen vor allem das Bild der Mutter in Deutschland auch wieder wertschätzen, das leider ja mit dem Nationalsozialismus und der darauf folgenden 68er-Bewegung abgeschafft wurde ... das sind die Werte, das sind Kinder, das sind Mütter, das sind Familien, das ist Zusammenhalt – das wurde abgeschafft. Es durfte nichts mehr stehen bleiben.«

Dass Eva Herman diese Werte krude in politische Kontexte stellte, die sie offensichtlich nicht überblickte, kann man als »politisch gefährlich«, aber auch nur als naiv ansehen. Dass bei der Debatte um ihr Buch und um sie selbst vergessen wurde, dass der von ihr in den Mittelpunkt geschobene und eigentlich lange Zeit als sehr konservativ geltende Wert der Familie und des Kindes inzwischen tatsächlich ins Zentrum des Koordinatensystems vieler Menschen gerückt ist, ging dabei allerdings unter. Dass alle 68er-Alternativ-Lebensmodelle (und das, was danach kam) etwa von einem Leben in WGs, von Kindererziehung in Gemeinschaften oder von einem tatsächlich emanzipierten, partnerschaftlichen, von alter Geschlechterspezifik losgelösten Modell mittlerweile ad acta gelegt sind, ebenso. Was wir erleben, ist eine Renaissance von Familienvorstellungen der 1950er-Jahre: »Vati geht arbeiten und schafft das Geld ran«, und Mami – obwohl selbstverständlich gebildet, studiert und lange Zeit mit eigenen beruflichen Ambitionen ausgestattet – bleibt mehr oder weniger zu Hause und kümmert sich um die Kinder. Das ist unter besser verdienenden Familien unserer Zeit jedenfalls wieder en vogue, und es scheint nicht selten vorgeschoben, wenn Mütter klagen, dass sie in die Rolle der Hausmutter nur der ungerechten Bezahlung (und überhaupt der Chancen) auf dem Arbeitsmarkt wegen gedrängt werden. Mütter fühlen sich schon auch wohl in dieser Rolle, sie verspricht schließlich – entgegen allen Unkenrufen – jede Menge Prestige, gute Erfolgsaussichten (Aufzucht gelingt, zumindest lange Zeit, eigentlich immer) und vor allem Liebe.

Jedenfalls so lange, bis die Kinder aus dem Haus sind, und das kann dauern, Mutterschaft beginnt heutzutage reichlich spät. Der gerade in den Medien behandelte Fall der fünfundsechzigjährigen Berliner Grundschullehrerin, die Vierlinge bekam – und nebenbei bereits dreizehn Kinder im Alter zwischen zehn und vierundvierzig hat –, fand zwar ein breites Interesse, aber eher unter dem Aspekt des Staunens, so wie man über eine Trapeznummer im Zirkus staunt. Ethische, gar kritische Betrachtungen, dass da jemand im Rentenalter nur mithilfe der modernen Medizin noch in die Lage gebracht wurde, schwanger zu werden, jemand, der biologisch eigentlich zu alt ist und der, wenn die Teenager in die Pubertät kommen, eine achtzigjährige Greisin sein wird, fanden allenfalls am Rande statt.

Die Liebe zum Kind ist eine bedingungslose Liebe, wie es heute heißt. Ein Begriff, der erst in den letzten Jahren in Mode gekommen ist und grundsätzlich apodiktisch benutzt wird. Eine Liebe, die so stark ist, wie sie einst für Menschen nur zu Gott sein konnte. Eine Liebe, die einschließt, dass sie ewig dauert und durch nichts zu erschüttern ist. Eine Liebe, die das Kind lässt, wie es ist (bedingungslos!), und die manchmal absurde Schutzreflexe nach sich zieht: Kinder tragen jetzt, sobald die dunkle Jahreszeit anbricht, am besten Warnwesten, auf jeden Fall mit Reflektoren ausgestattete Kleidung, dass es nur so glänzt. Schulranzen ohne Reflektoren sind heutzutage undenkbar, man fragt sich manchmal, wie wir Altvorderen einst mit unseren ollen Lederranzen überleben konnten. Mitunter las man in den letzten Jahren immer wieder von (tragisch ausgegangenen) Fällen, dass Eltern ihre Kinder nur noch mit Fahrradhelm auf den Spielplatz ließen, weil das scheinbar zarte, zerbrechliche Glück sich auf der (dabei durch deutschen TÜV abgenommenen!) Rutsche oder Wippe ja etwas tun könne.

Das Kind ist die ganz große Liebe, die sich im Übrigen auch nicht in der romantischen Liebe zu einem Partner, zu einem Ehepartner fand und findet, jedenfalls nicht dauerhaft. Weil dort in unserer auf das ICH ausgerichteten Welt Individuen aufeinandertreffen, die sich früher oder später an ihren Ansprüchen aufreiben. Und wo von der Liebe nicht selten und bestenfalls ein »Eingespieltsein«

übrig bleibt, aber eben kein ewiges, bedingungsloses, intensives Gefühl.

In die Liebe zum Kind wird weitaus mehr Hoffnung gesetzt, sie soll stabil, groß, schön und ewig sein. Sind die Kinder noch jung, wird freilich verdrängt, dass die spannungsvolle Zeit der Pubertät und Postpubertät noch bevorsteht und die Liebe auf sehr harte Proben gestellt werden wird, mit ungewissem Ausgang. Ob das Kind den richtigen Weg einschlägt, zielstrebig an der Karriere arbeitet, aufmerksam ist und bleibt, ob es die bedingungslose Liebe irgendwann auch zurückgibt oder, im Gegenteil, ob nicht diese überbordende Liebe und das frühe Selbstbewusstsein, das man seinem Kind ermöglichte, ob sich das nicht irgendwann gegen die eigenen Eltern richtet, wird man sehen. Vor allem für Frauen und ihre »bedingungslosen Liebe« zu ihrem Kind ist dasselbige heute eher Partner; der Mann hingegen wird zum Kind, das betreut werden muss. Er bleibt aus ihrer Sicht nicht selten ein Mängelexemplar. Das Kind ist dann eben der Partner, und der Mann wird erzogen.

In der Liebe zum Kind scheinen besonders Frauen auch noch ein anderes nach wie vor empfundenes Defizit zu kompensieren: ein Defizit an gesellschaftlicher Anerkennung. Die Klagen zumindest reißen nicht ab, über die ungenügende Anerkennung für die »Mehrfachbelastung«: Haushalt, Kinder, Urlaubsplanung – alles muss frau selbst machen, und im Beruf, wenn frau denn berufstätig ist, gibt es erst recht keine faire Bezahlung und keine Aufstiegschancen. Obwohl man an letzterem Beispiel schon mal fragen muss: Woher kommt eigentlich dieser neue aufgeregte

Neo-Feminismus? Und warum diese Vehemenz? Wir haben eine Bundeskanzlerin, der Internationale Währungsfonds wird von einer Frau geleitet. Wir haben in Deutschland drei amtierende Ministerpräsidentinnen und neunzehn weibliche Tatort-Kommissare. In *Zero Dark Thirty*, einem vor nicht allzu langer Zeit in den Kinos laufenden Spielfilm über die Jagd nach Osama bin Laden (Regie: eine Frau), ist es eine Frau, die bin Laden am hartnäckigsten verfolgt und findet, die Heldin Maya.

Übrigens: In der CIA, einem einst extremen Old-Boys-Netzwerk, spielen seit rund drei Jahrzehnten zunehmend Frauen eine gewichtige Rolle. Im gehobenen Geheimdienst sind nach Angaben der CIA dreizehn Prozent der Offiziere Frauen. In den übrigen US-Diensten, die sich um die »nationale Sicherheit« kümmern, liegt der Anteil bei bis zu neunundzwanzig Prozent. Zurzeit ist der Chefanalyst der CIA eine Frau, ebenso der Direktor für Wissenschaft und Technologie, die zweithöchste Person im National Clandestine Service ist weiblich, genauso wie der dritthöchste Beamte der CIA.

Wo frau allerdings wahrscheinlich recht hat: Das Institut für Demoskopie in Allensbach hat in einer Studie festgestellt, dass zwar für fast neunzig Prozent der Männer die Familie »sehr wichtig« sei (nur achtundfünfzig Prozent finden auch den Beruf »sehr wichtig«), aber am Ende übernehmen doch einundachtzig Prozent der Frauen den größten Anteil an der Erziehung und Betreuung der Kinder, sprich: Wenn's auf den Spielplatz geht, wenn die lieben Kleinen zum Tanzunterricht oder zum Fußballverein chauffiert werden müssen, dann ist vor allem Mama da, und für die wiederum ist das dann auch nicht immer ein Kinderspiel.

Aber was heißt schon Tanzen und Fußball: Man gibt sich heute nicht mehr mit einfachen Beschäftigungen und kindlich profanem Spiel zufrieden. Mütter und Väter entschließen sich nicht mehr nur, Kinder zu bekommen und zu haben, sie zu ernähren, zu lieben und großzuziehen, sondern wenn sie die Kinder schon gedeihen lassen, dann aber auch richtig. Los geht's mit Baby-Schwimmen, Baby-Turnen, Baby-Yoga oder Baby-Shiatsu, es gibt Chinesisch- und Selbstverteidigungskurse für Kleinkinder, ebenso wie spezielle Saunen und Kneipp-Bäder. Gespielt wird heutzutage nicht mehr einfach mit einem Ball oder einer Holzeisenbahn, sondern das muss selbstredend kreativ sein, das Spiel muss mindestens die »Auge-Hand-Koordination« fördern oder die »Lernmotivation« insgesamt erhöhen. Kinder sollen am besten gleich in eine fremdsprachige Kita und nebenbei zum Spanisch-Kurs und natürlich ganz klassisch Klavier- oder Geigenunterricht besuchen. Die Auswahl der richtigen Grundschule debattieren ihre Eltern bereits während der Schwangerschaft. Soziologen sprechen in dem Zusammenhang übrigens von »Statuspanik«.

Auf Elternabenden geht es dann weiter mit stundenlangen Streitigkeiten über Benotungsregelungen oder die ambitionierte Nutzung der Hortzeit. Lehrer, Direktoren, die staatlichen Schulen insgesamt stehen ohnehin unter dem grundsätzlichen Verdacht, dem Kind nicht das Richtige richtig beizubringen. Seit dem sogenannten PISA-Schock ist die neue Elterngeneration zudem hochgradig sensibilisiert für alle nur möglichen und unmöglichen

Probleme der Vorschule und Schule und sucht fieberhaft nach alternativen Erziehungskonzepten, um die Kinder auf das »richtige Leben« vorzubereiten. Bloß keinen Fehler machen, alle Angebote ausschöpfen, auf alles vorbereitet sein, kein Schulweg ist zu weit, keine Schule mehrsprachig, kein Schulkonzept modern und reformorientiert genug, damit das Kind alles, aber auch alles zur späteren Verwendung aufsaugt. Die heftigste Herausforderung, vor der man als halbwegs gebildeter Mittdreißiger oder Mittvierziger heutzutage steht, ist nicht die Antwort auf die Frage: Was kann ich gegen den Klimawandel tun, oder wie verarbeite ich meine Midlife-Crisis? Nein, wirklich quälend treibt einen das anstehende Problem um: »Auf welche Schule soll mein Kind?« Der Begriff »Helikopter-Eltern«, der in der letzten Zeit zur Beschreibung der um die Kinder kreisenden Erziehungsberechtigten Einzug hielt, beschreibt das Phänomen sehr schön und durchaus zutreffend.

Auf den PISA-Schock folgte in Deutschland eine unglaubliche Hysterie. Aktionismus in den Kultusministerien, Panik unter Eltern. Die Schulfrage, die Frage nach der passenden Schule für mein Kind, nach dem richtigen Konzept, nach den besten Lehrern etc. führte dazu, dass man unter eigentlich normalen Erwachsenen keine normalen Gespräche mehr führen konnte, in denen man über Arbeitskollegen lästerte oder die hohen Spritpreise beklagte. Die »Schulfrage« war zu einer Wie-hältst-du-es-mit-der-Religion-Sache überhaupt geworden: Als ob nun das lebenslange Glück oder Unglück, beruflicher Erfolg oder Misserfolg, gesellschaftliche Anerkennung oder sozialer Abstieg, kurzum: Wohl und Wehe allein davon abhängt, dass das eigene, heilige Kind auf die ihm einzig entsprechende Schule gehe, die es allzeit hübsch fördere, hätschele und zu einer erfolgreichen, allseits gebildeten, durchsetzungsstarken, gestählten, auf das raue Leben perfekt vorbereiteten Person mache (das alles irgendwie spielerisch vermittelt, versteht sich).

Dabei ist die Liste derjenigen lang, deren Bildungskarriere alles andere als glattlief und die es trotzdem zu etwas gebracht haben: Otto Waalkes, Harald Schmidt, Johannes B. Kerner und Bertolt Brecht sind zum Beispiel sitzen geblieben, Heike Makatsch, Barbara Schöneberger, Herbert Grönemeyer, Peter Handke, René Obermann, Anke Engelke, Günter Jauch, Stefan Raab, Mick Jagger sowie die Chefs von Microsoft, Dell und Apple waren beziehungsweise sind zum Beispiel allesamt Studienabbrecher.

Aber heute gilt schon der Einstieg in die Schule als Menetekel: Wer es da vergeigt oder vergeigt bekommt, der hat für den Rest des Lebens die Arschkarte gezogen. So kam es folgerichtig in meinem Stadtbezirk in den letzten Jahren immer mal wieder zu tumultartigen Auseinandersetzungen, als die Grundschule mit dem »besten Ruf« unter der Last der Bewerbungen zusammenzubrechen drohte. Mit allen Tricks versuchten Eltern, ihre Sprösslinge dort und nur dort unterzubringen; man täuschte Umzüge vor und meldete sich »schwarz« um, damit man irgendwie ins Einzugsgebiet dieser einen Schule kam. Die Folge: Eltern, die tatsächlich gegenüber der Schule wohnten und keinen Platz für ihre lieben Kleinen fanden, klagten und schwärzten wiederum die anderen an, es wurden die wahren Wohnadressen ausgekundschaftet, es wurde öffentlich gebrandmarkt ... Schlussendlich: Man wähnte sich eher in einem Schillerschen Intrigenspiel als in einem gesitteten Mittelstandskiez. Und am Ende werden, falls man beim Kampf um die besten Plätze den Kürzeren gezogen hat, sowieso die Anwälte bemüht, die irgendwelche Verfahrensfehler aufdecken sollen, damit es das Kind auf die heiß begehrte Schule schafft. Und wer bei alldem das Nachsehen hat und tatsächlich keinen der begehrten Plätze bekommt, wählt dann ohnehin die Option »Freie Schule« oder »Private Schule«. Beziehungsweise wählt sie schon von vornherein.

Konfus, aber jederzeit mit vollem Einsatz läuft auch die von Panikattacken begleitete Suche nach dem richtigen Gymnasium für die Brut. Hundertschaften anderer, engagierter, einsatzbereiter Eltern stürmen an Tagen der offenen Türen die Gymnasien, studieren Konzepte, klopfen Lehrer ab, begutachten Schulleiter, inspizieren sanitäre Anlagen, beurteilen Klassenräume nach ihrer Farbgestaltung, fachsimpeln über die Turnhallensituation und stellen verhörartige Fragen zum Schulessen. Um am Ende nicht mehr zu wissen, ob es nun für oder gegen die Schule spricht, dass es dort eine AG Musical gibt.

Alles für das Kind: Dahinter steckt auch die große Angst des Mittelstands vor dem sozialen Abstieg. Dass der Wohlstand, den wir heute erreicht haben, wahrscheinlich nicht ausbaubar ist, dass es in Zukunft (und die Zukunft gehört bekanntlich den Kindern) nur noch darum gehen wird, diesen Wohlstand, diese Freiheit, in der wir leben, irgendwie zu verteidigen. Dass Bildung dazu der Schlüssel ist, wird jeden Tag von Politik und Wirtschaft suggeriert. Also muss das Kind gebildet werden, viel, umfassend, und koste es, was es wolle.

Die Erziehung des eigenen Kindes ist ein Vorgang, der Individualität erfordert und Individualität hervorbringt. Und wie sehnen sich die neuen Eltern doch danach, dieses uneingelöste Versprechen ihrer eigenen Kindheit und Jugend, nämlich individuell und einzigartig zu sein, einzulösen! Dieses Versprechen, das an Massenuniversitäten und in H&M-Filialen verhallte! Und nun können sie wenigstens das eigene Kind formen, zumindest solange es nicht pubertiert.

Das Kind ist heute viel mehr als früher auch eine Art Statussymbol. Heute protzt man nicht mehr mit dem Neuwagen oder der Bulthaup-Küche, sondern mit dem Bildungsgrad und den Talenten des eigenen Kindes. Oder gleich mit dem immer häufiger zu hörenden Hinweis, das Kind sei »hochbegabt«; mittlerweile scheint es ja so viele »hochbegabte« Kinder zu geben, dass man sich um den Wissenschaftsstandort Deutschland wahrlich keine Sorgen mehr zu machen braucht.

Bei diesem Anforderungsprofil hat das Kind jedenfalls wenig Zeit, Kind zu sein. Die Tage sind durchgeplant, Zeit zum »Vor-sich-hin-Spielen«, zum »Abhängen«, zum Alleinsein oder um sich schlicht und einfach mal zu langweilen gibt es da kaum mehr. Langeweile scheint überhaupt gestrichen worden zu sein, so als wäre sie ausgestorben. Die Rolle des Kindes hat sich in der modernen Familie verändert, es ist nicht mehr das untergeordnete Wesen, sondern wird ziemlich schnell als vollwertiges, »stimmberechtigtes« Mitglied der Familie integriert und gefordert. Das ist zum einen dem heute von der Mehrheit praktizierten weniger autoritären Erziehungsstil geschuldet.

Zum anderen ist für die jungen Familien dieser veränderte Umgang, der Respekt vor dem Kind nicht nur logische Folge ihrer Liebe zum Kind, sondern auch eine Art praktizierte Demokratie und vor allem gelebte Nächstenliebe. Die heutige Elterngeneration ist mit liberalen, demokratischen, herrschaftsfreien Ideen groß geworden. Und während in der Politik der Parteienfilz dominiert und man im Job besser auch mal das Maul hält, wenn's heikel wird, gibt die Familie die Möglichkeit zu nahezu basisdemokratischer, liebevoller und respektvoller Praxis. Und so darf das Kind – auch wenn es eigentlich überfordert ist – schon früh gleichberechtigt mitsprechen, mitentscheiden: wohin der nächste Familienurlaub geht oder welche Farbe der Neuwagen haben soll, welche Konsequenzen das dann auch haben mag.

Wenn sich diese Art von Fürsorge und frühzeitig aufgebürdeter Verantwortung am Ende mal nicht rächt: Sind die Kinder nämlich pubertär und aus den Möglichkeiten (mit zwei Jahren Spanisch usw.) Notwendigkeiten (Latein, am besten in der Schnellläuferklasse etc.) geworden, fühlt sich das »Pubertier«, wie Jan Weiler es so treffend nennt, dann vielleicht genau in der Mühle, die ihnen die Eltern eigentlich ersparen wollten. Das hat aber auch wiederum sein Gutes: Da gibt es wenigstens für den Pubertierenden einen ordentlichen Grund, gegen die eigenen lieben, liebenden Eltern zu rebellieren.

DAS FÜNFTE GEBOT

Du sollst nicht töten.
Auch kein Tier. Vor allem kein Tier.
Denn alles ist Bio.

EIGENTLICH

Du sollst nicht töten.

Als vor nicht allzu langer Zeit ein einundsechzigjähriger Bauer in Nümbrecht bei Köln gerade dabei war, seine Stalltür zu reparieren, wurde er von einem Bullen angegriffen. Der Sohn des Bauern fand seinen Vater abends tot im Stall. Ein Unglück, natürlich. Tragisch, bemitleidenswert. Eigentlich. Silke Ruthenberg, Vorsitzende des Vereins »Animal Peace«, einer Tierrechtsorganisation, ein Verein, der gern mit drastischen Mitteln und Worten für die Rechte von Tieren eintritt, sah das ganz anders: »Wir verneigen uns vor dem Held der Freiheit. Mögen ihm viele weitere Rinder in den Aufstand der Geknechteten folgen.« Das, was als »Held der Freiheit« gepriesen wurde, war, wohlgemerkt, der Stier. Den getöteten Bauer bezeichnete Silke Ruthenberg als »Sklavenhalter«. »Wir als vegane Bewegung wollen provozieren und zu politischem Denken anregen, Hauptsache, die Debatte wurde angestoßen, und es wird in der veganen Szene nicht immer nur über Zucchini-Spaghetti gesprochen«, sagt Ruthenberg, die selbst seit dreißig Jahren Veganerin ist. Ihr gehe es um eine »gelebte, kompromisslose Solidarität mit den Tieren«. Der Bauer habe einen Milchkuhbestand, da wisse sie schon genug, schließlich würden den Milchkühen »ihre Kinder weggenommen«.

Ganz gewiss mag man in Zeiten industrieller Massentierhaltung und -schlachtung auch mal radikaler denken und all das in dem Zusammenhang hervortretende und – für Tierschützer jedenfalls – prinzipiell Schlechte und Sündhafte am Menschen an den Pranger stellen, aber das geht doch zu weit. Oder nicht? Ist das nicht nur äußerster Ausdruck einer immer stärker werdenden Bewegung, die eben von solcherart radikalen Tierschützern bis zu Frutariern, die nur essen, was vom Baum fällt, reicht? Frutarier, die sich nur von pflanzlichen Produkten ernähren, die nicht die Beschädigung der Pflanze, von der sie stammen, zur Folge haben dürfe, also nur Nüsse, Samen oder Obst, das bereits vom Baum gefallen ist, Getreide, das bei der Ernte schon abgestorben ist. Jene Frutarier auf der einen Seite und radikale Tierschützer, die am liebsten Bullen auf Bauern hetzen würden, auf der anderen? Ist das nicht die Klammer, und dazwischen tummelt sich alles, was man auf den Begriff »Bio« bringen kann? Bio, das selig machende Motto, mit dem der Glauben an die Jungfräulichkeit der Natur verbunden ist? Bio, das uns – richtig praktiziert – von unseren Sünden, unserer Schuld befreit, womit wir auf jeden Fall und ganz sicher wieder auf den rechten Pfad gelangen?

Das ist das Heilsversprechen, das sich mit Bio verbindet. Das und die Aussicht auf ewiges Leben. Dabei muss es dann gar nicht nur um einen heruntergefallenen Apfel oder einen wild gewordenen Stier gehen. Dr. Karl Lauterbach hält zum Beispiel Brötchen für ein »Riesenproblem«. Dr. Karl Lauterbach ist Mediziner, seit Jahren Bundestagsabgeordneter und wäre fast einmal, glaubt man dem allgemeinen medialen Rauschen, Gesundheitsminister geworden. Da hätte es den Richtigen getroffen, denn da wäre eine Art Guru der richtigen und gesunden Ernährung in diesem Land an die Spitze gerückt und zum Repräsentanten jener einflussreichen und meinungsstarken Schicht geworden, die sich eher weniger für die politische Lage im Nahen Osten oder die Detailregelungen des gesetzlichen Mindestlohns interessiert, sondern in deren Zentrum einzig und allein die Frage steht: Ist das Bio oder nicht? Ist das gesund oder macht das krank? Vor allem, ist das gesund für mich? Und noch wichtiger: Ist das aber auch wirklich gesund für meine Kinder? Denn darum geht es letztlich vor allem: um gesunde Ernährung, um irgendetwas zu tun, um hundert Jahre alt zu werden, mindestens. Um die Überwindung von Tod und Todesangst. Bio ist die transzendente

Leistung der Gegenwart, die ich kaufen kann, die uns auf das ewige Leben hoffen lässt. Und wenn es am Ende doch nicht ewig geht, dann zumindest eine gefühlte Ewigkeit, und dabei allzeit und bis zum Schluss recht vital und klar im Kopf. Da ist es, das Paradies!

Bei Dr. Karl Lauterbach geht es noch nicht einmal so sehr um Bio, zunächst zumindest nicht, doch am Ende läuft es irgendwie schon darauf hinaus. Was Salz enthält, ist auf jeden Fall Teufelszeug, schon ein Brötchen ist deswegen im Grunde eine Katastrophe. Salz verenge nämlich die Gefäße und führe zu kognitivem Verfall, insofern will Lauterbach »lieber Spott ertragen« – immerhin merkt er noch, dass er eine komische Figur abgibt – »als früh sterben«. Seit fünfundzwanzig Jahren lebt er salzarm, er nimmt nur das Salz zu sich, das in Lebensmitteln ohnehin enthalten ist. Alles andere kommt nicht infrage, was in Restaurants, wie man sich vorstellen kann, zu sehr schwierigen Entscheidungen führt: Pizza, Pasta – Pustekuchen! Zumal für richtige Ernährungsprediger wie Lauterbach ja nicht nur Salz auf dem Index steht, sondern noch viel mehr. Zum Beispiel Grillfleisch. Lauterbach sagt auch dazu: »Vorsicht!« Und zwar mit Entschiedenheit. Er wolle zwar keine Spaßbremse sein, aber wer eben regelmäßig grille, erhöhe sein Risiko, an Darmkrebs zu erkranken, einen Herzinfarkt oder einen Schlaganfall zu erleiden. Rind wäre gesünder als Schwein, und: »Wer grillt, sollte lieber Gemüse wählen – oder Fisch.« Und weil er schon mal dabei ist, gibt es auch noch ein paar mehr Tipps: »Man sollte nicht zu viele gesättigte Fettsäuren zu sich nehmen. Also keine Vollmilchprodukte, keine Sahne, kein Fleisch. Dann sollte man möglichst wenig Salz essen« – das hatten wir schon –, »denn es erhöht den Blutdruck und fördert damit Gefäßschäden und die spätere Demenz. Außerdem schädigt es die Niere. Zudem sollte man Zucker möglichst meiden.«

Achtzig Prozent aller Deutschen sind unsicher, wenn es ums Essen geht. Es gibt inzwischen sogar schon eine Essstörung, die sich Orthorexia nervosa nennt, bei der die Betroffenen ein auffallend ausgeprägtes Verlangen danach haben, sich möglichst »gesund« zu ernähren. Die Existenz eines solchen Krankheitsbilds wird vielfach bestritten und ist in der wissenschaftlichen Medizin nicht anerkannt. Noch nicht.

»Was auf den Tisch kommt, wird gegessen«, ist ein inzwischen angegammelter Spruch. Lieber hängt man an den Lippen von Koch- und Ernährungsgurus oder wälzt »Fachliteratur«: *Säure-Basen-Kochbuch: Mit basischen Rezepten jeden Tag genießen und in der Balance bleiben*, *Gesundheit, die man essen kann*, *Gabel statt Skalpell – Gesünder leben ohne Fleisch*, *Vegane Kochkunst: Kreative Küche für Vitalität und Lebensfreude* und so weiter und so fort. Und die Gurus blasen uns den Marsch, Attila Hildmann zum Beispiel, der mit seinen veganen Kochbüchern Bestseller landete, verkündet: »Meine Arbeit ist, Menschen eine cholesterinfreie und tierfreundliche Ernährung näherzubringen. Eine halbe Million Deutsche sterben an ernährungsbedingten Krankheiten.« (Monatlich? Jährlich? Woher kommt diese Zahl? Egal.) Deshalb: »Vegan ist das neue Viagra.« Was zwar irgendwie ein schiefes Bild ist, aber wir ahnen, was er meint.

Inzwischen stehen nicht mehr nur ohnehin argwöhnisch beäugte Lebensmittel wie Salz, Grillfleisch oder Wurst aus dem Discounter auf dem Index, sondern auch bisher eher unverdächtige wie Espresso oder Milch. Laut einer EU-Untersuchung der Lebensmittelbehörde Efsa schadet es, täglich mehr als vier starke Espresso oder andere Getränke mit ähnlich viel Koffein zu trinken. Die Gefahr für die Gesundheit sei nicht riesig, aber sie existiere; bedenken – es gibt ja zu allem »Bedenken«, vorzugsweise immer dann, wenn es sich um etwas handelt, das Spaß macht und Genuss bereiten könnte –, bedenken jedenfalls müsse man die möglichen schädlichen Wirkungen von Koffein insbesondere für Herz und Gefäße sowie das zentrale Nervensystem!

Milch, einst noch als Kraftspender gepriesen, gilt jetzt vielen als Krankmacher und verantwortlich für Diabetes, Schlaganfälle, Bluthochdruck, Schlafstörungen, Übersäuerung und natürlich Krebs. Die *Süddeutsche Zeitung* untersuchte jüngst diese ganz neue Problematik und musste konstatieren, »dass diese Ernährungsfrage, dass Milch gerade zum Glaubenskrieg eskaliert«. Es gebe schon Restaurants, in denen man scheel angeschaut werde, wenn man statt Soja-, Reis- oder Mandelmilch noch herkömmliche Kuhmilch wünscht. Nach der Anti-Fleisch-Welle stehe jetzt die Milch ganz oben auf der Liste der verdächtigen Lebensmittel. Dass die Argumente gegen Kuhmilch im Prinzip hanebüchen sind, stellte der Präsident des Max-Rubner-Instituts für Ernährung und Lebensmittel, Prof. Dr. Gerhard Rechkemmer, fest: »Mein Eindruck ist, dass man diesen Milieus mit logischen und wissenschaftlichen Argumenten nicht mehr beikommen kann.« Auch Milchtrinken sei zu einer Glaubensfrage geworden. Der neue Trend heißt »Clean Eating« (oder Drinking), es geht darum, dass man immer mehr nach sogenannten »free from«-Lebensmitteln giere, denn »wenn fast nichts Böses mehr in den Lebensmitteln ist, muss es ja gesund sein«. Die SZ-Autoren staunen und sind ratlos zugleich: »Wann ist aus Sex, Drugs and Rock ’n’ Roll eigentlich Veganismus, Laktoseintoleranz und Helene Fischer geworden?«

Wo die Verunsicherung wächst, greifen wir nach Vorbildern, auch wenn das, was sie tun, noch so skurril erscheint; immerhin ist es konsequent. Menschen wie Paul McGlothin und seine Frau Meredith Averill zum Beispiel, die tief im Wald, weit ab vom nächstgelegenen Örtchen Croton-on-Hudson (USA) hausen und die medial gerade als Vorzeige-Asketen hergenommen werden. Seit Jahren schon betreiben sie da bei sich im Wald ein »Langlebigkeitszentrum«. Bei McGlothins zu Hause gibt es schmale Kost, Graupensalat oder einen Brotaufstrich aus Rotkohl, Senfkörnern, Zwiebeln und Avocado mit einem winzigen Spritzer Zitronensaft. Das Ganze wird genau abgemessen: Eintausendachthundertfünfzig Kilokalorien nimmt Herr McGlothin täglich zu sich, Frau Averill sogar noch zweihundert Kilokalorien weniger. Das ist beides weit unter dem Energiebedarf eines Erwachsenen (bei sitzender Tätigkeit mindestens zweitausendfünfhundert Kilokalorien). Selbstverständlich betreiben sie ihre Art von Essen mit fanatischer Akribie und erarbeiten ihr karges Menü auch noch mit einer Spezialsoftware und tüfteln so an ihrem »Ernährungsplan«. Da bei den McGlothins am

Ende nicht wirklich viel auf den Tisch kommt, reichern die beiden ihre Mahlzeit mit spirituellem Beiwerk an; Essen ist bei ihnen eine »Geschmacksmeditation«: »Wir bitten die Leute, sich fünfzehn Minuten lang in Zeitlupe vorzustellen, wie sie beispielsweise eine einzelne Blaubeere verzehren«, das führe dann zu einer ganz neuen »Esserfahrung«. Vor allem dient das Ganze natürlich der Hoffnung auf ein langes Leben, um nicht zu sagen: auf ewiges Leben. McGlothin und Averill geben mit ihrem perfekten Blutdruck an (»98 zu 62«), ihr Blutzuckerspiegel sei einfach grandios, vor Diabetes, Herz-Kreislauferkrankungen und natürlich Krebs seien sie gefeit, wer so isst, bleibt, sagen sie.

Im Prinzip ist dagegen, also gegen asketische Ernährung und einen perfekten Blutdruck und gegen Bio im Allgemeinen, erst einmal nichts einzuwenden. Ebenso wenig wie gegen eine Ernährung, die salzfrei ist, zuckerfrei, laktosefrei, ohne chemische Zusätze, cholesterinarm, glutenfrei, nussfrei, sojafrei, hefefrei, eifrei, fruktosearm, vegetarisch, ovo-lacto-vegetarisch oder meinetwegen vegan. Wir leben in einem freien Land, und viele von uns haben viel Zeit und sonst wenig Beschäftigung. Und warum soll man nicht intensiv darüber nachdenken, wie Nahrungsmittel vernünftig und umweltverträglich hergestellt, wie Nutztiere halbwegs würdig gehalten und geschlachtet werden, warum sollte man nicht den oft geschmacklichen Einheitsbrei von Industriefood infrage stellen (das bringt Bio natürlich mit sich)? Warum sich nicht mit Hingabe und Akribie um das kümmern, was auf den Tisch kommt, damit das dann nicht immer nur ein maßloses Hineingemampfe wird, bei dem am Ende dicke Kinder und Papis mit Plauze und jede Menge Plastikmüll übrig bleiben. Das alles ist schon existenziell, natürlich nicht nur für den Einzelnen, sondern: Das ist auch »gesellschaftlich relevant«, keine Frage.

Aber warum muss das mit so einer Ausschließlichkeit betrieben werden, warum so streng, so borniert, so fromm? Warum müssen Bio und seine Unterarten gleich grundsätzlich so besserwisserisch propagiert werden, warum gehen die Plädoyers für Bio und so weiter mit diesem ungeheueren missionarischen Eifer einher? Wenn es darum geht, gesund und besonders vital zu sein, warum schwören Promis wie Victoria Beckham auf ihre »Fünf Hände«-Ernährung, was bedeutet, täglich nicht mehr als fünf Handvoll Nahrung zu sich zu nehmen, selbstverständlich »eiweißreich« und »ungesalzen«? Warum darf bei ihr »nichts Saures« auf den Tisch, und warum liest man darüber überall? Warum schwört Beyoncé auf »Master Cleanse«: keine feste Nahrung, stattdessen ein Saft aus Wasser, Ahornsirup, Cayennepfeffer und Zitrone, was entgiftend, tiefenreinigend, hormonstimulierend sein soll? Was haben Dr. Karl Lauterbach (Markenzeichen: die Fliege), Bio-Jünger in ihren lausigen Propaganda-Postillen wie auch A-, B- und C-Promis in den bunten Blättern gemeinsam? Sie sind allesamt Prediger einer Religion: Man ist, was man isst, und man wird quasi unsterblich, wenn man das Richtige isst (und trinkt)! Diese Sentenz ist zu einem Dogma geworden und wird mit einer Beharrlichkeit durchgezogen wie die Verteidigung der Vorstellung von der Jungfrauengeburt von nun wirklich bibeltreuen Zeitgenossen.

Diskussionen von Normalos und Bio-Jüngern verlaufen ähnlich absurd und unnachsichtig wie die zwischen Darwinisten und Kreationisten. Es geht nicht mehr um Genuss, sondern um Schuld. Wolfgang Joop sprach von einer »veganen Prohibitionszeit«, in der wir leben. Als er das sagte, ging es eigentlich um Mode: Lady Di – das sei der »Taumel der hedonistischen Neunziger« gewesen, wo Fashion und Drugs (oh wie teuflisch und ungesund!) eine große Rolle spielten. Kate Middleton hingegen, die Herzogin von Cambridge, passe in »unsere vegane Prohibitionszeit«, sie sei der antiseptische Gegenentwurf von Diana. Nun mag man von Diana wiederum halten, was man will, und man muss das überdrehte und kokett herausgestellte Gefühlige ihres Wesens nun auch nicht mögen, dass wir aber in einer »veganen Prohibitionszeit« leben, ist doch wohl unbestritten. Nirgendwo sonst wird die Sehnsucht nach Geboten, nach Regeln, wird der Eindruck, dass es sich hierbei um eine Ersatzreligion handelt, so deutlich wie bei der Frage: Ist das Bio oder nicht? Wie nirgendwo sonst geht es hier offenbar um die Suche nach dem wahren Glauben: Was ist denn zum Teufel noch mal richtig, wie soll ich denn in dieser komplexen, unübersichtlichen, mit Fallstricken ausgestatteten Welt so leben, dass es recht ist, was können wir denn tun, um die – wie es so schön heißt – Schöpfung zu bewahren, letztlich also Gottes Wille zu entsprechen?

Wir wissen nicht mehr, was natürlich ist, was gottgegeben, was gottgewollt oder was menschengemacht. Welche Position man einnehmen soll in den Dilemmata und Bredouillen unserer Zeit. Zwei-Staaten-Lösung im Nahen

Osten oder Mauer, mit Putin reden oder boykottieren, Netz-Überwachung akzeptieren (Terrorabwehr!) oder nichts auf die Freiheit kommen lassen, Pazifist sein und bleiben oder die verloren gegangene Ordnung einschließlich Entführungs- und Flüchtlingsdramen in irgendeinem nordafrikanischen Land mit Waffengewalt wiederherstellen, eine Ehe aushalten (… in guten wie in schlechten Zeiten) oder was Neues probieren, Häuschen auf dem Land kaufen oder doch lieber ein Zelt. Alles steht auf der Kippe. Nur eben mit Bio (Tierschützer, Frutarier, Dr. Lauterbach eingeschlossen) macht man es richtig. Anbau, Herstellung, Transport, Verkauf sind gut für die Natur, das ist fair, das ist ohne Chemie, hier geht es nicht entfremdet, industriell zur Sache, hier wird sich auf Traditionen besonnen, hier ist alles natürlich beziehungsweise gar übernatürlich: Bei Demeter, wo biologisch-dynamischer Landbau betrieben wird, werden die »kosmischen Rhythmen« des Mondes und der Planeten berücksichtigt, Aussaat und Ernte werden mit Mondphasen und Planetenpositionen abgestimmt, manche Anwendungen sollen unbedingt nur frühmorgens unmittelbar nach Sonnenaufgang erfolgen.

Warum Bio? Weil es im Grunde archaisch ist, ohne – oder zumindest mit zurückgedrängtem – »schädlichem« menschlichem Einfluss (chemisch, industriell, profitorientiert), weil es damit dem Lauf der Welt am besten entspricht, weil es fair (gerecht) ist oder zu sein scheint, fair gegenüber Produzenten, Tieren, der Erde, Konsumenten. Fair wie »Brot für die Welt«, gerecht wie der gerechte Gott. Und natürlich, weil man mit Bio nicht »vergiftet«

wird, wie mit dem abgepackten Zeug aus dem Discounter. Weil man mit Bio gesund bleibt und wird; wenn man nur genug und immerfort Bio zu sich nimmt, begibt man sich im Prinzip geradewegs in die Unsterblichkeit beziehungsweise fühlt sich unsterblich. Bio ist der direkte Weg ins Paradies.

Obwohl ... Vor ein paar Jahren habe ich ein längeres Gespräch mit einem altehrwürdigen Ernährungsmediziner geführt, jemandem, der sich zeit seines (Berufs-)Lebens mit dem Zusammenhang von Ernährung und Gesundheit beschäftigt hat, und zwar medizinwissenschaftlich. Kein Experte aus einer Hinterhofpraxis, der sich in ein paar Wochenendkursen irgendein obskures, natürlich ganzheitliches Bio-Ernährungskonzept angeeignet hat und sich fortan in der Lage sieht, ein Rezept gegen die Übel dieser Welt und die Plagen von uns Kreaturen gefunden zu haben, und sie sogleich hinausposaunt.

Jedenfalls hat Prof. Helmut Rottka, jener Ernährungsmediziner, in diesem Gespräch, in dem es um den seinerzeitigen, zu voller Entfaltung kommenden Bio-Boom (Bio war ja nicht schon immer da) ging, zunächst durchaus positive Aspekte gesehen: dass durch die Hinwendung zu Bio wieder alte, fast vergessenen Obstsorten »gepflegt« werden, zum Beispiel die Apfelsorte »Goldparmäne«. Der Professor sagte an der Stelle, er sei »hell entzückt« gewesen, als er sie eines Tages bei einem Bio-Bauern entdeckte.

Als es um die mit großer Selbstverständlichkeit postulierten Vorteile gegenüber intensiver, also konventioneller Landwirtschaft ging, war er schon wesentlich zurückhaltender; Rottka sah nicht, wie man mit biologischer Landwirtschaft – global gesehen – die Ernährung der wachsenden Weltbevölkerung sichern könne. Was er allerdings nachgerade albern fand, war der von den »Bio-Jüngern« hergestellte, »logische« Zusammenhang von Bio-Ernährung und Gesundheit. Also dem Mantra: Wer Bio isst und trinkt, der lebt gesund beziehungsweise gesünder, bleibt mehr oder weniger verschont von den schlimmen Krankheiten unserer Zeit und wird auf jeden Fall steinalt. Das sah der Professor anders, für ihn war das alles andere als folgerichtig; wörtlich sagte er: »Nein, Bio-Ernährung hat überhaupt nichts mit der Gesundheit zu tun. Das ist ja die enttäuschende Wahrheit, die so vielen Leuten nicht ins Konzept passt.« Dass es nicht gesünder sei, so der Professor, läge daran, dass die Lebensmittel, die wir zu uns nehmen, im Grunde genommen gleich zusammengesetzt sind. »Ob eine Pflanze dabei biologisch oder dynamisch oder konventionell angebaut wird, das ist völlig egal. Sie hat eine feste, sortenbedingte Struktur, sie greift nach dem Stickstoff und nach dem Kalium, nach dem Kalzium und fertig ist.« Den Einwurf, dass in der konventionellen Landwirtschaft doch aber mit Pestiziden gearbeitet würde und die sich doch am Ende bestimmt negativ auf die Gesundheit des Menschen auswirken könnten, wischte der Professor auch recht barsch vom Tisch: Das sei nichts weiter als eine typische, von den Medien gepflegte Voreingenommenheit. »Gesetzliche Vorgaben wie die Höchstmengenverordnungen begrenzen das so stark, dass keine gesundheitliche Gefahr besteht, abgesehen von kriminellen Sündern, die es leider zweifellos immer mal wieder gibt.«

Rottka sprach von »Biofritzen« und »Biokram«; aber immerhin hatte er dann noch für eine Gruppe moderner Ernährungsjünger Argumente: für Vegetarier nämlich. Die wären – das hatten seine Forschungen ergeben – tatsächlich gesünder, die Filtratwerte ihrer Nieren seien wesentlich niedriger als die von regelmäßigen Fleischessern, und es gebe kaum Vegetarier mit Harnsäureerhöhungen; beides deute auf eine ziemlich erquickliche Gesundheit hin. Allerdings gab der Professor zu bedenken, dass Vegetarier insgesamt meist gesünder leben würden, nicht rauchen, nicht trinken, sich viel bewegen und sich so ernähren würden, dass sie kein Übergewicht hätten. Darin sah der Professor dann auch den springenden Punkt: im Gewicht. Das Verrückte sei, dass der Hunger der Kriegs- und Nachkriegszeit zur Folge gehabt hätte, dass eine ganze Reihe von heute üblichen Krankheiten praktisch verschwunden waren: Herzinfarkt, Magengeschwüre, Gallensteine. Die Cholesterinwerte waren unten, Diabetes-Erkrankungen gab es faktisch nicht. Heute hingegen sei Diabetes mellitus »die große Geißel der Menschheit der ernährungsabhängigen Krankheiten«.

Folgt man Rottka in seiner Argumentation nur ein bisschen, wird Bio tatsächlich zur Glaubensfrage: dass Bio der Heilsbringer für ein langes und allzeit gesundes, vitales Leben sein soll. Es klingt wie die Wiederkehr einer Debatte, die so ähnlich vor über vierzig Jahren schon einmal hochkochte und die sich die amerikanische Schriftstellerin und Essayistin Susan Sonntag seinerzeit in Krankheit als Metapher vornahm. Es ging dabei um die in Mode kommende Geisteshaltung, dass Krankheiten, schwere Krankheiten wie etwa Krebs im Grunde als psychologisches Ereignis interpretiert werden. Wer nur das Richtige denkt, fühlt, wer die richtige Einstellung hat und das Richtige tut, der bleibe halt verschont. Dass Menschen ermuntert werden zu glauben, dass sie krank werden, weil sie es – unbewusst – wünschen, und dass sie durch ihren eigenen Willen sich selbst heilen, dass sie ergo wählen können, an einer Krankheit wie Krebs zu sterben oder eben nicht. Dass das eine Frage der Moral und inneren Einstellung sei.

Heute ist es die Moral, die sich mit Bio verbindet. Eigentlich hatte man zwischenzeitlich geglaubt, dass darüber einigermaßen Einigkeit besteht, dass eine Krankheit wie Krebs in der Regel Schicksal ist, eine ungünstige Konstellation von genetischer Disposition, Umweltfaktoren und Zufall. Eigentlich, sollte man meinen, sei das Konsens. Wissenschaftler von der Johns Hopkins University School of Medicine in Baltimore haben das gerade wieder in einer Studie festgestellt: »Alle Krebsarten werden durch eine Kombination aus Pech, Umwelteinflüssen und Veranlagung verursacht«, steht da. »Viele Krebsarten haben weit mehr mit dem Pech zu tun, eine Mutation zu bekommen, als mit Lebensstil und Vererbung. Der beste Weg, diesen Krebsarten vorzubeugen, ist die Früherkennung.« Zweiundzwanzig von einunddreißig Krebsarten, also gut zwei Drittel, entstehen durch zufällige Mutationen der Gene während der Zellteilung!

Aber sosehr man auch mit solchen Argumenten kommt, umso weniger landet man bei den Bio-Überzeugungstätern. Auf das Interview mit Professor Rottka habe ich so viele wütende, entgeisterte und enttäuschte Leserreaktionen bekommen wie sonst nicht in meiner nun doch schon über zwanzig Jahre andauernden journalistischen Laufbahn. Wie man solchen Ignoranten und Ewiggestrigen nur eine Plattform geben könne, waren noch die mildesten Vorwürfe.

Auch was bei der Ernährung am Ende rauskommt, wird inzwischen aus einem besonders strengen Bio-Blickwinkel betrachtet. Wellness-Angebote, die Entgiften oder Entschlacken versprechen, haben mächtig Konjunktur. Ich sprach vor einiger Zeit mit dem Biologen und Autor Hanno Charisius, der sich in seinem Buch *Bund fürs Leben. Warum Bakterien unsere Freunde sind* mit der Millionen Jahre währenden Beziehung Mensch-Mikrobe beschäftigte und für einen intelligenten Umgang mit unseren »Untermietern« – vor allem im Darm – plädierte. Er sagte: »Hinter dem Wunsch, sich ›entschlacken‹ oder ›entgiften‹ zu wollen, steht nicht so sehr die Angst vor Bakterien. Da geht es wahrscheinlich mehr um vermeintliche Gifte, die man glaubt, durch die Nahrung aufzunehmen. Es existiert die bildhafte Vorstellung, dass unser Darm ein Schornstein ist, der ab und zu verstopft ist, und da müsse man mal ordentlich durchputzen. Dann würden wir uns wieder wohlfühlen und hätten eine reine Haut, und alles ist super.« Was natürlich Unsinn sei. »Der Darm funktioniert nicht wie ein Schornstein, dieses Bild ist entsetzlich falsch. Der Darminhalt – der Darm sowieso, aber auch der Darminhalt – wird heute von vielen Forschern wie ein eigenes Organ betrachtet. Das Hormone ausstößt und so ganz wichtige Regulationsfunktionen für den menschlichen Körper besitzt.«

Paradoxerweise wird bei der inzwischen weitverbreiteten »Rohr frei!«-Vorstellung samt angeschlossener Entschlackungs- und Entgiftungssehnsucht die ansonsten gepredigte Natürlichkeit, das Bio(logische), außer Kraft gesetzt; aber wo Widersprüche auszuhalten sind, hilft halt ein starker Glaube.

DAS SECHSTE GEBOT

Du sollst nicht ehebrechen, aber vor allem nicht rauchen, nicht trinken und nicht falsch parken.

EIGENTLICH
Du sollst nicht ehebrechen.

Vor zwanzig Jahren traf ich in San Francisco einen der ersten deutschen Internetpioniere: Stephan Schambach. Er war gerade in die Staaten übergesiedelt und dabei, seine Firma INTERSHOP weltweit zu etablieren. Wir redeten darüber, wie es ist, ein Internetpionier zu sein, wir sprachen über den großen Sprung, den er gemacht hatte, aus Jena, aus der kleinen DDR über den Großen Teich nach Kalifornien, über die neu gewonnene Freiheit, über

Freiheit generell. Ein Wert, der für einen wie ihn, der in der DDR aufgewachsen war, selbstverständlich von großer Bedeutung war. Nun wollte ich mit ihm ganz groß und am besten weit ausholend über dieses neue Freiheitsgefühl im Land der unbegrenzten Möglichkeiten reden; da kam er aber mit ganz erstaunlichen und ziemlich irdischen Antworten. Mit der Freiheit sei es nämlich in Amerika nicht so weit her: »Zum Beispiel: Ich bin Raucher. In Kalifornien darf ich mittlerweile nirgendwo mehr rauchen. Es ist in Gaststätten verboten, im Park, in manchen Stadtteilen komplett. Wie in Palo Alto, da habe ich mal ein Ticket kassiert, musste zwanzig Dollar bezahlen, weil ich auf der Straße geraucht habe, das ist ja alles unglaublich. Dass die beim Alkohol diese Papiertüten drumherum wickeln – was für ein Blödsinn. Die haben hier ein Problem mit Nacktheit und Sex, worüber ich mich amüsieren kann. Nackt baden gibt es gar nicht, es gibt keine richtigen Saunen, und wenn, dann sitzen die mit Turnschuhen und kurzen Hosen drin. Und überall hängen diese Plakate: Sex with a minor is a major crime. Minor bedeutet: unter achtzehn. Was soll das? Jugendliche, die sechzehn sind – klar haben die Sex!«

Wir wollen an der Stelle weder über den besonderen Puritanismus der Amerikaner – offenbar selbst in San Francisco – sinnieren noch eine weitergehende Diskussion über den Freiheitsbegriff führen, sondern zunächst staunen: Es ist gerade mal zwanzig Jahre her, da war das noch – wohl für die meisten unter uns – eine schockierende Nachricht: Rauchen in einer Kneipe oder in der Öffentlichkeit ist ein Delikt, das geahndet wird! Wie Klauen im Supermarkt oder bei Rot über die Kreuzung fahren. Nun gut, inzwischen haben wir uns daran gewöhnt, wir sehen allenfalls noch in der großartigen TV-Serie *Mad Men*, dass dereinst überall und allzeit gepafft (und während der Arbeitszeit Alkohol getrunken!) wurde, was das Zeug hielt. Heute unvorstellbar. Rauchen ist verboten! Rauchen ist auch bei uns quasi zu einem kriminellen Akt geworden. Verboten ist es im Prinzip überall, in Restaurants, in den meisten Bars, auf Bahnhöfen, an Haltestellen etc. pp. Natürlich hat das Vorteile mit sich gebracht. Natürlich ist es angenehm, im Restaurant zu sitzen und nicht mehr zugequalmt zu werden, natürlich ist es besser, nachts von einer Bar- oder Kneipentour nach Hause zu kommen und nicht zwangsläufig alle Klamotten sofort in die Waschmaschine stecken zu müssen. Und, ja, gesünder ist es wahrscheinlich auch, obwohl in der weitverbreiteten Panikmache ums Passivrauchen schon wahnsinnig viel Hysterie mitschwingt, die letztlich wohl ihren Ursprung in unserer Lust am und im Zwang zum Verbieten hat.

Verboten ist im Prinzip alles, was Spaß macht, und es wird immer mehr. Rauchen sowieso, in Nordrhein-Westfalen gilt das Nichtraucherschutzgesetz sogar für die E-Zigarette. Rauschmittel, selbst leichte, sind selbstredend verboten. Alkohol ist nicht generell verboten, aber wenn irgendwo im Land mal wieder ein paar Jugendliche zu viel getrunken und über die Stränge geschlagen haben (Saufen wie die Großen, vertragen wie die Kleinen), entsteht garantiert eine entrüstete Debatte, an deren Ende die Prohibition heraufbeschworen wird. Blackjack, Bingo und Poker: Glücksspielangebote im Internet wollen mehrere Bundesländer verbieten. Die Benutzung von Paternostern durch »nicht eingewiesene Beschäftigte« sollte gerade gesetzlich verboten werden, was gerade noch einmal zurückgenommen wurde.

Einer Umfrage der Hochschule Heidelberg zufolge, wollen vierundsechzig Prozent aller Deutschen ein Verbot ungesunder Lebensmittel, neunundfünfzig Prozent ein Verbot von Gewaltdarstellungen in Computerspielen oder Filmen und zweiunddreißig Prozent ein Verbot von Pornografie. Weitere Verbotswünsche betreffen große Parteispenden, das Glücksspiel und den Verkauf von Schnaps generell.

Warum? Weil Sodom und Gomorrha droht. Zur Erinnerung: Sodom und Gomorrha, das waren im Alten Testament die zwei Städte, in denen gottlose Menschen ein sagenhaft lasterhaftes, sündiges Leben führten. Das gefiel Gott verständlicherweise nicht besonders, in einem letzten Test gab er dem Sündenpfuhl noch eine Chance: Wenn sich wenigstens zehn Gerechte finden würden, dann wolle er die Stadt verschonen. Sie fanden sich nicht, und Gott ließ Feuer und Schwefel auf die Orte regnen; was das Ende des sündigen Lebens mit all den sexuellen Ausschweifungen (um die ging es da zuvörderst) bedeutete; die Ordnung war wiederhergestellt.

Apropos sexuelle Ausschweifungen: Prostitution soll natürlich auch immer wieder verboten werden, aber selbst in modernen Paarbeziehungen sind »sexuelle Ausschweifungen« verboten beziehungsweise führen schnell dazu, dass es aus ist mit der Paarbeziehung. 2013 scheiterten hundertsiebzigtausend Ehen, und damit jede dritte. Wir leben zwar in einer angeblich sexuell befreiten, liberalen Gesellschaft und wissen längst, dass lebenslange Monogamie eine möglicherweise eher nicht natürliche, auf jeden Fall eine schwierig zu realisierende Sache ist, und doch liegen die Gründe für eine Trennung oft im Bruch des alten Gesetzes, das besagt, dass es verboten ist, seinen Partner zu betrügen. Laut einer von der Onlinepartnervermittlung ElitePartner durchgeführten Studie, in der zehntausend Liierte und Singles befragt wurden, woran Beziehungen scheitern würden, stand an erster Stelle ganz klar: Fremdgehen. Du sollst eben nicht ehebrechen.

Die Grünen versuchen immer wieder mit neuen Ideen und Vorstößen, irgendwelche Verbote durchzusetzen; die letzte, glorreiche Idee war der »Veggie-Day«, also einmal in der Woche in allen Kantinen des Landes das Fleisch verbieten, dafür frisches Gemüse auf den Tisch, egal ob man das will oder nicht, es ist schließlich gesund und schont die Umwelt. Im von den Grünen regierten Baden-Württemberg gilt ein Nachtangelverbot, die Nachtruhe für Fische haben die Grünen zwar nicht erfunden, sie wollten sie aber beibehalten. In Sachsen-Anhalt kämpfen die Grünen gegen Lichtsmog, insbesondere die »exzessive Zunahme künstlichen Lichts« ginge gar nicht, weil die Strahlung die nachtaktive Tierwelt, den Tag-Nacht-Rhythmus des Menschen sowie »die Sichtbarkeit des Sternenhimmels« beeinträchtige, also: Licht-Verbot. Der einstige FDP-Spitzenpolitiker Rainer Brüderle sagte: »Die Grünen lechzen geradezu danach, aus Deutschland eine Verbotsrepublik zu machen.« Aber die Grünen haben

Konkurrenz: Auch im CDU-geführten Verkehrsministerium denkt man darüber nach, das Fahren ohne Helm für Fahrradfahrer zu verbieten, ebenso wie das Tragen von Kopfhörern für Fußgänger.

Soziale Normen sind der »Zement der Gesellschaft« (ein Begriff des Sozialwissenschaftlers und Philosophen Jon Elster), sie halten zusammen, was eigentlich auseinanderstrebt. Die Frage ist nur: Wie viel Reglementierung brauchen wir eigentlich? Muss uns jemand vorschreiben, ob wir uns vegan ernähren und sogar an welchem Tag? Wieso werden wir für unfähig gehalten, selbst zu entscheiden, ob wir mit Fahrradhelm oder ohne unterwegs sein wollen? Die Konsequenz tragen wir schließlich allein, aber Verbote, Verbietenwollen geht in unserem Bewusstsein vor Freiheit.

Pro Jahr werden in Deutschland im Schnitt hundertfünfzig neue Gesetze und Verordnungen erlassen. Die Feinheiten der Steuergesetzgebung versteht inzwischen nicht einmal mehr der gemeine Steuerberater, die Liste der Ge- und Verbote in betriebswirtschaftlichen Fragen ist so unübersichtlich geworden, dass schon seit Jahren Experten empfehlen, man solle seine Steuererklärungen nur noch unter Vorbehalt unterschreiben, weil die Komplexität von Regelungen und Ausnahmen inzwischen nicht mehr erfassbar und zumutbar ist.

Gewiss, Regeln schaffen Sicherheit, Übersicht und Ordnung. Wenn wir ehrlich sind, leben wir im Zweifelsfall wahrscheinlich lieber in einer von vielen Verboten getragenen Gesellschaft als in einer korrupten, unübersichtlichen, gefährlichen Bananenrepublik; Regulierung hat schon auch Vorteile, hierzulande können wir uns einigermaßen sicher sein, dass man einem Polizisten nicht einen Schein in die Hand drücken muss, damit er einen bei einer Kontrolle auch wirklich weiterfahren lässt.

Soziales Leben ist ein Leben nach Regeln, meint der Evolutionsbiologe Jürgen Bereiter-Hahn von der Universität Frankfurt. Religionen sind perfekt darin, Regeln, Gebote und Verbote aufzustellen. Religionskritiker wie Richard Dawkins gehen sogar davon aus, dass Religion nur ein Nebenprodukt der Evolution ist, das entstand, als die Menschen anfingen, sich Autoritäten und allgemeinen Regeln unterzuordnen, weil es ihr Überleben in der Wildnis sicherte. Auch für den Biologen David Sloan Wilson ist Religion eine »soziale Erfindung«, allerdings eine mit evolutionärem Nutzen: »Religion ist ein symbolisches System, mit dem eine Gemeinschaft effizient organisiert werden kann«; er ist überzeugt, dass eine religiöse Gemeinschaft ein eng kooperierender Organismus ist, eben auch deswegen, weil sich alle, die dazugehören, an dieselben Verbote und Gebote halten.

Dieser Kitt geht in unserer zunehmend säkularisierten Gesellschaft verloren, auch wenn christliche Werte und die »christlich-jüdische Leitkultur« (was immer das genau sein soll beziehungsweise was sich der Einzelne darunter auch vorstellen mag) hochgehalten werden. Das heißt, man kann christliche Werte haben, auch wenn man nicht an den dreieinigen Gott glaubt. Das gilt immer noch als ordnend und Halt gebend, weswegen die Anmeldelisten für konfessionelle Kindergärten und Schulen länger und länger werden. Wir brauchen den Kitt.

Wo Verbote sind, da ist auch immer das schlechte Gewissen, wenn wir diese übertreten oder auch nur mit dem Gedanken spielen, sie zu übertreten. Und wo noch mehr Verbote sind, ist ein noch schlechteres Gewissen. Tragen wir einen masochistischen Zug in uns, genießen wir es, uns für die Übertretungen all der vielen Regeln zu kasteien? Das würde zumindest erklären, warum wir Verbote letztlich ertragen, dulden und gar immer neue erfinden. Martin Luther, der Vater des Protestantismus, machte das Gewissen, das, womit wir uns heute so leidlich herumschlagen, erst so richtig zum Thema. Davor hielt man sich, wenn einem das Leben lieb war, am besten daran, was feudale oder religiöse Autoritäten vorgaben. Doch Luther pochte darauf, dass man sich lieber von seinem Gewissen leiten lassen sollte.

Das Gewissen war für ihn der Ort, an dem Gott sich zeigt und seine Weisungen gibt. Nach der Pastoralkonstitution (also der »hirtenamtlichen Verordnung«) Gaudium et spes des Zweiten Vatikanischen Konzils, das mit Lehraussagen das Verhältnis der Kirche zur Welt und zu den Menschen von heute darstellen wollte, ist das Gewissen der »ausgezeichnete Ort der Gottesbegegnung«, »verborgenste Mitte« und »Heiligtum im Menschen«, einem »Gesetz, dem der Mensch gehorchen muss«. Beim Gewissen, das sich aus dem Verhältnis zu Ge- und Verboten speist, geht es also um alles.

Neu war, dass Luther die Weisungen Gottes anders vernahm oder deutete als die kirchlichen Oberhäupter seiner Zeit und dazu öffentlich stand. Luther gilt als erster moderner Mensch, weil er die Bürde auf sich nahm, selbst mit Gott auszuhandeln, was richtig und was falsch ist, und das Monopol für die Verkündigung von Gottes Willen, für Bestrafung und Vergebung nicht kirchlichen Amtspersonen überließ. Das eigene Gewissen ist seitdem eine ungeheure Last. »Gott sieht alles«: den noch so kleinen Diebstahl, den heimlichen Betrug, sogar den bösen Gedanken. Schon Jesus konnte da streng sein: Für ihn war die Ehebruch-Fantasie genauso schlimm wie ein vollzogener Seitensprung. Was bedeutet, dass Normalsterbliche so gut wie keine Chance haben, mit so etwas wie einem reinen Gewissen davonzukommen.

Das Gewissen ist das Bewusstsein eines inneren Gerichtshofes im Menschen, hat Kant geschrieben. Das klingt nicht gemütlich, ist aber wohl oder übel notwendig, damit das soziale Leben einigermaßen funktioniert, jedenfalls so, wie es sich die Mehrheitsgesellschaft wünscht. Gepaart mit dem deutschen Hang zur Gründlichkeit wird dann dafür gesorgt, dass es kaum verbotsfreie Räume gibt. Zwanzig Millionen Verkehrsschilder stehen an Deutschlands Straßen, die inneren Stopp-, Halt- und Achtung-Zeichen sind ungezählt. Inzwischen verbieten wir auch mit besonderem Eifer Worte; unsere Sprache ist zu einem Minenfeld geworden, Worte, die man nicht oder nicht mehr sagt oder sagen darf. Es gibt eine Inflation an Sprachverboten, manche haben Sinn, weil etliche Begriffe tatsächlich diskriminierend gemeint sind. Andere haben längst nicht mehr die Bedeutung, die sie einst besaßen, Sprache ist ja eine ziemlich dynamische Angelegenheit. Wir sagen nicht mehr Negerkuss, Hilfsschüler, Zigeunerschnitzel, Schlitzauge, Behinderter, Mohrenkopf, Krüppel oder Tunte, am besten genauso wenig wie Schwarzer, Weißer, Farbiger oder Türke, sondern es heißt »mit Migrationshintergrund«. Es heißt nicht mehr Sklave, sondern Versklavter. Als unser Bundespräsident vor einiger Zeit in unserer Gesellschaft eine Tendenz zum »Tugendfuror« feststellen wollte, gab es einen Aufschrei: Eine Gruppe von Feministinnen um die Soziologin Kathy Messmer schrieb eine Art Brandbrief an Joachim Gauck, in dem sie seine Wortwahl scharf kritisierte. Messmer und ihre Mitstreiterinnen erkannten in dem Wort »Tugendfuror« eine Herabsetzung von Frauen, schließlich habe das Wort ja auch mit »Furien« zu tun. »In erster Linie war das einfach eine inhaltliche Auseinandersetzung damit, dass er gerade so ein Wort wie ›Furor‹, das ja für Wut steht, und einen gemeinsamen Wortstamm mit der Furie hat, ausgerechnet wieder in einem Kontext verwendet hat, in dem es um ein sogenanntes Frauenthema ging, und das ist eine sehr typische, sehr alte Strategie, um die Stimmen von Frauen unsichtbar zu machen oder als übertrieben oder überemotional zu kennzeichnen«, so Messmer.

An der Universität Leipzig muss man seit Kurzem einen (männlichen) Professor mit Herr Professorin ansprechen. Es ist verboten zu sagen: Behinderter, obwohl das ursprünglich ein Ausdruck der politischen Korrektheit gewesen ist, das wird heute (wie vieles) als diskriminierend empfunden, man sagt besser: Menschen mit Handicap. In den männlichen -er Endungen stecke der Chauvinismus unserer Tage, in alten Büchern sowieso: Der Thienemann-Verlag möchte in Otfried Preußlers *Die kleine Hexe* das Wort Neger streichen, weil es nicht mehr »politisch korrekt« ist. Als das Buch 1957 erschien, empfand Preußler das Wort nicht als anstößig. Wenn wir das heute lesen beziehungsweise vorlesen, dann wird nicht mehr vorausgesetzt, dass wir den Gebrauch des Wortes »Neger« historisch einordnen können oder wollen, nein, es muss getilgt werden, weil das Politisch-Korrekte vor allem mit leidenschaftlicher Verbotspraxis und – sorry – Furor einhergeht.

So etwas müsse dringend und auf jeden Fall umgeschrieben werden, es wartet viel Arbeit auf uns. Ich halte es eher mit David Foster Wallace, der in einem Essay für das Magazin *Harper's* schrieb, dass letztlich die zur Etikette geronnene politische Korrektheit politischer Aktion im Wege steht: »Der strenge Code egalitärer Euphemismen dient dazu, genau die Art von schmerzhaftem, unschönem und manchmal beleidigendem Diskurs zu unterdrücken, der in pluralistischen Demokratien zu wirklichen politischen Veränderungen führt.«

Zum Schluss noch zu einer besonderen Spezies, die sich inzwischen breitmacht und die der allseits vorherrschenden Sehnsucht nach Verboten und Kontrolle besonderen Ausdruck verleiht, die neuzeitlichen Götter der Innenstädte, deren Begriffsbezeichnung schon jede Menge Verbote und Strafen einschließt: das »Ordnungsamt«. Das Ordnungsamt, das für die »Parkraumüberwachung« (welch schauriger Begriff, welch schaurige Realität) verantwortlich ist. Und mehr als das. Ich wohne in einem Stadtbezirk, in dem sich einst ein anarchisches Milieu aus Freigeistern, Künstlern, sich nun wirklich nichts sagen lassenden Proletariern, zeternden Rentnern und engagierten, für Gott und die Freiheit streitenden Christen zusammensetzte. In dem man Bier auf der Bordsteinkante sitzend trank, in dem an Autos auf der Straße herumgeschraubt wurde und in Hinterhöfen wilde Partys ohne Rücksicht auf Verluste gefeiert wurden.

Klar sind wir alle geräuschempfindlicher und ruhebedürftiger geworden, aber ist die Alternative der tägliche Anblick einer Horde fleißiger Mitarbeiter, die für Ordnung sorgen, kontrollieren, Strafzettel verteilen und die Welt in »brav gemacht« und »nicht schön« unterteilen? Während sie Straßenzüge mit einer Uniform, die bereits Arroganz ausstrahlt, nach falsch parkenden, falsch beschilderten und sonst irgendwie nicht den Regeln entsprechenden Fahrzeugen durchkämmen? Manchmal überschreiten sie auch schon ihre Kompetenzen, springen auf den Bürgersteig und stellen sich einem unbescholtenen Fahrradfahrer in den Weg, der – verbotenerweise! Huuhhhhh! – auf dem Fußweg fährt, und kommen einem im schönsten Blockwart-Stakkato: RUUUUUNTER VOM FAHRRRRRRAD, ABER GANZ FIX! Was kommt als Nächstes? Zeigen Sie, ob Sie ein sauberes Taschentuch mitführen! Weisen Sie nach, dass Sie sich heute Morgen die Zähne geputzt haben! Sind die Fingernägel geschnitten?

Das Werk der Ordnungsamtsmitarbeiterinnen und -mitarbeiter ist wahrscheinlich nutzlos (mehr Parkplätze gibt es dadurch nicht) und ob wirklich ökonomisch sinnvoll, soll uns mal jemand beweisen. Wir wollen das auch gar nicht weiter diskutieren, viel verwunderter fragen wir uns, wenn wir einen Augenblick innehalten: Warum echauffieren wir uns nicht beim Anblick des »Ordnungsamts«? Warum ertragen wir, dass immer mehr Uniformierte unsere Straßenzüge beherrschen? Wie können wir das mit unserem angeblich vorherrschenden Gefühl von Freiheit verbinden? Warum geht niemand auf die Straße, warum gibt es keinen »Shitstorm«, heutzutage gibt es doch gegen alles und jeden einen »Shitstorm«?

Immerhin existieren inzwischen zarte Pflänzchen von Gegenbewegungen. Leute, die hier bei mir einfach ihren alten Kühlschrank vor die Haustür knallen und darauf hoffen, dass irgendjemand das Teil mitnimmt, zerlegt beziehungsweise ordnungsgemäß zum Recyclinghof bringt. Es werden in meiner Straße inzwischen öfter auch alte Matratzen, ausgediente Jalousien, Klamotten jeglicher Größe, Blumentöpfe oder windschiefe Regale auf den Gehweg vor dem Haus ausgelagert und »vergessen«. Vor einiger Zeit stand da ein Samsung-Kühler, ein voluminöses Hightech-Teil mit Öko- beziehungsweise Energiespar-Label, eine Kühl-Gefrier-Kombi, bestimmt noch keine fünf Jahre alt. Auf das Ding hat jemand geschrieben: »jaja, aber den Kühlschrank auf der Straße entsorgen, ihr pseudo-öko-hippie-scheißer«. Und ein anderer: »besser Kühlschrank auf der Straße als alles geleckt und leise, ihr scheiß yuppies«.

Ich denke, dieser Kühlschrank ist ein Zeichen. Ein Zeichen, dass noch längst nicht alles schick, geleckt, aufgeräumt sein muss, es reicht, dass das Viertel durchgentrifiziert wurde, dass unerlaubtes Rauchen oder die »Lärmbelästigung« von Kneipen und Klubs von Anwälten und Polizeitrupps nachhaltig bekämpft wird. Genug ist genug. Nein, es gibt ganz offensichtlich aufkeimenden Widerstand, eine sich formierende Gruppe, die sich zu wehren beginnt, die keine Regeln mehr kennt, die die Legitimität von Ordnungsamtsmitarbeitern nicht anerkennt und die das Ordnungsamt und die Durchsetzung ihrer Ge- und Verbote prinzipiell nicht akzeptiert. Außer vielleicht, dass ein hingefledderter Kühlschrank schon die Energieeffizienzklasse A++ haben sollte.

Andererseits geht natürlich noch mehr, es ist – was unsere Lust an Verboten betrifft – noch viel Luft nach oben. Singapur ist, was die Verbotspraxis betrifft, wesentlich kreativer:

1. Überqueren Sie eine Straße nur über den Zebrastreifen beziehungsweise an einer Ampel!
2. Das Wegwerfen von Abfällen aller Art ist streng untersagt!
3. Rauchen ist in allen öffentlichen Einrichtungen, Restaurants und in den Transportmitteln untersagt, bei Zweifeln immer erst fragen!
4. Spucken in der Öffentlichkeit wird bestraft!
5. Die Toilettenspülung muss in öffentlichen Toiletten immer betätigt werden!
6. Fast Food darf in öffentliche Verkehrsmittel oder öffentliche Gebäude nicht mitgebracht werden!
7. Die Einfuhr oder der Verkauf von Kaugummi ist strengstens verboten!

Verboten wird komischerweise immer alles, was Spaß und Dreck macht (merkwürdig, dass die beiden Sachen oft zusammengehören); ganz offensichtlich gibt es eine riesige Sehnsucht danach, so rein und unschuldig wie Adam und Eva zu sein; das Paradies ist aber auch schön aufgeräumt.

DAS SIEBTE GEBOT

*Du sollst nicht stehlen,
sondern dir nehmen, was dir zusteht,
denn Gier ist gut.*

EIGENTLICH
Du sollst nicht stehlen.

Zum Bonusmaterial der vor einiger Zeit erschienenen DVD von *Wall Street: Geld schläft nicht* gehörte ein Interview mit Oliver Stone, in dem der Meister von einer merkwürdigen Reaktion auf seinen 1985 erschienenen ersten *Wall Street*-Film berichtet. Entgegen seiner Intention sei die Hauptfigur, der böse Bube, der Investmentbanker Gordon Gekko, nämlich bei vielen, die den Film gesehen haben, quasi als Held gefeiert worden. Der Typ, der in dem Film mit dem Motto »Gier ist gut« üble Maßstäbe setzt und den man weiß Gott einen Fiesling nennen darf, sei danach eine Art Leitfigur für all die geworden, die wir schmeichelhaft »Finanzjongleure« nennen und die in den letzten Jahren Banken und ganze Länder in den Ruin trieben beziehungsweise fast getrieben haben.

Zwei Dinge sind erstaunlich an Stones Geschichte. Erstens, Kunst kann offensichtlich immer auch ein Missverständnis produzieren. Nicht einmal ein vermeintliches Regie-Genie wie Oliver Stone ist offensichtlich in der Lage, eine Figur als Fiesling zu beschreiben, sodass sie auch als solcher erkannt wird. Zweitens: Der Auslöser für die Finanzkrise war in Wirklichkeit also ein Film, eine Filmfigur? Das klingt so abwegig nicht, immerhin meinen ja auch viele Menschen, die *The Day After Tomorrow* gesehen haben, dass die Klimakatastrophe nicht mehr aufzuhalten ist. Und wenn man denen damit kommt, dass wir doch, seitdem die Erderwärmung naht, komischerweise eher unterkühlte Sommer erleben, dann erzählen die einem was vom abreißenden Golfstrom – wie eben in *The Day After Tomorrow*.

Wir sagen: Geld verdirbt den Charakter, aber den Charakterlosen begegnen wir, wenn wir ehrlich sind, mit jeder Menge Respekt und Neid. Geld ist immer noch und mehr denn je sexy. Der Spruch »Geld macht nicht glücklich, aber beruhigt« ist nicht falsch, aber unpräzise und drückt unser etwas verkrampftes, ungeklärtes Verhältnis zum Geld aus: Natürlich macht Geld glücklich, mit Geld kann man sich schließlich alles kaufen, ein Dach über dem Kopf, Luxus, Liebe, Schönheit, Macht. Im Grunde wollen wir alle kleine Gordon Gekkos sein. Schon beim Hype der sogenannten Volksaktien kam zum Vorschein, worum es eigentlich geht, was unsere geheimsten Wünsche sind: Geld arbeiten lassen, mehr werden lassen, ohne etwas zu tun. Auch wenn viele Kleinaktionäre einst mit ihren Telekom-Aktien eine Bruchlandung erlebten, wir verbinden Glaube, Liebe, Hoffnung mit dem lieben Geld, daran haben wir keinen Zweifel.

Alles dreht sich um das Geld, wie wir es bekommen, wie viel wir davon bekommen, wie wir es arbeiten lassen, anlegen, ausgeben. Noch so absurde Versprechen werden zu Möglichkeiten, sobald Renditen jenseits von Gut und Böse winken. Wenn ein Renditeobjekt dann noch mit zeitgenössischen Gutmenschentum gekoppelt ist, kennt die Gier keine Grenzen: Mit dem Versprechen, dass sie sechs Prozent Zinsen erhalten, investierten fünfundsiebzigtausend Menschen ihr Geld in sogenannte Genussscheine des Öko-Unternehmens Prokon, im Schnitt legte jeder von ihnen zwanzigtausend Euro an. Nun steht das Unternehmen vor der Pleite und die Anleger vor der Frage, wie sie bloß so naiv sein konnten. Gier frisst Hirn, schrieb der *Spiegel*.

Wenn die Festgeldzinsen im Keller sind, informieren wir uns hektisch auf dem Goldmarkt oder machen in Immobilien. Anlageobjekte sind eine Investition in die Zukunft, was sehr viel mit dem Glauben daran zu tun hat, dass die heute schon zu Horrorpreisen verhökerten Wohnungen in begehrten Lagen irgendwann einmal noch mehr wert sein könnten. Diejenigen, die ihr Geld in Crowdfunding-Projekte stecken, wollen bestimmt nicht nur junge Kreative fördern, sondern hoffen darauf, dass der crowdfinanzierte Film oder die crowdfinanzierte App eines Tages durch die Decke geht und der Rubel rollt.

Das beliebteste Spiel ist aber immer noch: Wie trickse ich legal, halb legal oder scheißegal das Finanzamt aus. *Konz – 1000 ganz legale Steuertricks* war jahrelang ein Bestseller. Steuerberater geben gern Empfehlungen, wie man mit innerfamiliären Vertragskonstruktionen oder Pseudoanschaffungen Geld »am Finanzamt« vorbeibringt; bei all dem geht es oft noch nicht einmal um Wahnsinnssummen eingesparter Euro, sondern um eine gewisse Cleverness, die einen beim Umgang mit Geld in den Status eines Checkers und Herrschers über die Geldflüsse hebt.

Wenn es hingegen um die großen Steuersünder geht, reagieren wir mit großer Empörung. Als die Spekulationsgeschäfte von Uli Hoeneß bekannt wurden, die am Ende zu einer Verurteilung wegen Steuerhinterziehung von insgesamt 28,5 Millionen Euro zu drei Jahren und sechs Monaten Haft führten, war die Erregung im Land groß. »Mindestens 25 Jahre in Haft«, »Wir fordern lebenslänglich für Uli Hoeneß«, »Der Mann ist für mich ein asozialer Drecksack« waren noch die milderen Urteile. Sosehr die Entrüstung auch berechtigt war, so scheinheilig war sie doch auch, von Neid geprägt, dass da einer mit solch unglaublichen Summen jonglieren konnte und nebenbei noch das Finanzamt austrickste.

Interessant zudem, dass sich im »Fall Hoeneß« viele religiöse Bezüge fanden und sich allenthalben Theologen zu Wort meldeten. Als Hoeneß auf der Mitgliederversammlung des FC Bayern München unter Tränen seine

Fehler bekannt und versichert hatte, »reinen Tisch« zu machen, verwies der Theologe Herbert Fendrich in einem Artikel auf eine biblische Geschichte aus dem Lukas-Evangelium. Dort habe der Zöllner den Geschädigten das Vierfache dessen zurückzugeben, worum er sie betrogen hat. Auch die Frage der Buße wurde sogleich erörtert: Für den Theologen ist Buße, wenn ein Mensch zu Gott umkehre, »von dem er sich wegen seiner Sünden entfernt hat«. Würde Hoeneß tatsächlich beabsichtigen, sein Leben auf null zu stellen, würde das bedeuten, dass er ein anderes Leben führen müsste, sich an anderen Werten orientiert.

Der Wirtschaftsethiker Gerhard Wegner vom Sozialwissenschaftlichen Institut der Evangelischen Kirche Deutschland hielt Hoeneß' Rückzug »auch gut für die öffentliche moralische Hygiene«. Er mache damit deutlich, dass er Verantwortung für seine Verfehlungen übernehme. Und der Präses der Evangelischen Kirche im Rheinland, Manfred Rekowski, warnte nach dem Urteil über Hoeneß vor Häme und Schadenfreude. »Eines Menschen Straftaten zu ahnden, darf nicht dazu führen, den Menschen selbst zu verdammen – Uli Hoeneß genauso wenig wie jeden anderen Straftäter. Ein Mensch, der Fehler macht, wird bei Gott nicht zum Unmenschen.« Gott ahnde die Taten, »aber er verdammt nicht den Täter«.

Der Glaube an das Geld ist zwiespältig: Einerseits spielen wir selbst mit Geld und hoffen darauf, einen Reibach zu machen, andererseits verdammen wir gern jegliche Finanzspekulationen, alle dubiosen und uns gemeinen Mitbürgern komplett unverständlichen Finanzgeschäfte (wie etwa Derivatenhandel). Solange wir davon selbst profitieren, interessiert uns Funktion und Moral nicht. Wenn wir uns an Hedgefonds beteiligen, machen uns Renditeversprechen blind, wenn ein Hedgefonds zu Boden geht und unser Wirtschaftssystem bedroht ist, zweifeln wir am Finanzsystem insgesamt und verdammen seine Akteure.

Wahrscheinlich ist es das, was uns ein schlechtes Restgewissen macht. Dass wir einerseits zugeben müssten, dass Geld glücklich macht, aber dass wir andererseits ahnen, dass Geldvermehrung auf irrationale, abstrakte, vertrackte und nicht zu unseren sonstigen, einfachen Moralvorstellungen passende Weise funktioniert: Während des 20. Jahrhunderts löste sich das Geld von einem realen Wert – der Goldstandard wurde nach und nach aufgegeben. War es bisher üblich, dass der Wert des Geldes durch Goldreserven gesichert war, so gab es nun eine ungedeckte Papierwährung. Der Wert des Geldes beruhte fortan auf Verabredung und Vertrauen, und damit begann der Aufstieg des Finanzkapitalismus. Das Geld, das heute zirkuliert, ist nur zu einem kleinen Teil durch die Realwirtschaft gedeckt. »Die Akkumulation von Nullen ist eine ganz neue Erscheinung, sie löst Beklemmung vor dem Augenblick aus, in dem sich das Geld als genau das offenbaren könnte: eine Anhäufung von Nullen«, sagt die Kulturwissenschaftlerin Christina von Braun. »Das Geld ist nur noch ein Zeichen, und es ist wahnsinnig schwierig, mit diesem hohen Grad an Abstraktion fertigzuwerden.« Da es nicht mehr um reale Werte geht, scheint es so, als könne man unendliche Geldmengen anhäufen. Das Begehren und die Gier kennen keine Grenzen. »Eine ähnliche Leidenschaft, die sich bis zur Gewalt steigern kann, entfesselt sonst nur die Sexualität oder die Religion«, so von Braun.

Einen Ursprung des Geldes sieht sie in religiösen Symbolhandlungen. Denn nur durch eine Art Theologie lässt sich der Wert des Geldes oder auch der des Goldes begründen. Gold galt den alten Babyloniern etwa als Metall der Sonne, Silber als jenes des Mondes. Beruhend auf der Umlaufzeit der Sterne setzten Priester das Wechselverhältnis von Gold und Silber auf 1 zu 13 ⅓ fest. Von der Antike über das Mittelalter hatte es Bestand und beruhte doch nur auf der Autorität einiger babylonischer Priester. Noch heute spüre man den religiösen Ursprung des Geldes, sagt die Kulturwissenschaftlerin. »Das Geld ist nur ein Substitut für das Opfer, das im Tempel erbracht wurde.« Das germanische Wort »gelt« bedeute auch »Götteropfer«. Bei bestimmten Ritualen waren Tiere als Opfer vorgeschrieben. Hatte man dieses Tier nicht, dann konnte man es durch ein anderes Tier ersetzen. Dafür musste festgesetzt werden, welchen Wert die jeweiligen Tiere hatten, in welcher Form ein Opfer also genauso viel wert war wie das andere. Geld wurde hier als Recheneinheit eingesetzt.

Für den Philosophen – und studierten Theologen – Christoph Türcke entsteht der Wert des Geldes nicht aus dem Tausch, sondern aus Schulden. Den Ursprung sieht er dabei in den ersten menschlichen Opferhandlungen. Seine These ist ähnlich der von Brauns: Geld ist Schuld, die im Opfervorgang entsteht, entstamme also dem sakralen Bereich. Auch er weist darauf hin, dass das Wort

»Geld« nichts mit »Gold« zu tun habe, sondern es stamme vom angelsächsischen »gilt« ab, das im Englischen »guilt« ja auch heute noch Schuld bedeutet.

Die Nähe von Kapitalismus und Religion diskutieren Soziologen und Philosophen schon lange. Sie offenbart sich bereits in der Sprache: Bei beiden geht es um den Glauben (»Kredit« kommt vom Lateinischen »credere« – für glauben), um Schuld und um (Wert-)Schöpfung. Dass religiöse Moralvorstellungen und Normen einen großen Einfluss auf das wirtschaftliche Verhalten von Menschen haben können, beschrieb der Soziologe Max Weber bereits Anfang des 20. Jahrhunderts in seinem berühmten Aufsatz *Die protestantische Ethik und der Geist des Kapitalismus*. Weber stellte die These auf, dass der Arbeitseifer und die Sparsamkeit der Protestanten eine wichtige Voraussetzung für die industrielle Revolution und das Aufblühen des Kapitalismus waren.

Ähnlich argumentieren auch die beiden Harvard-Ökonomen Robert Barro und Rachel McCleary. Sie befassten sich mit der Frage, wie religiöse Ansichten ganze Volkswirtschaften verändern. Im Jahr 2003 zeigten sie anhand von Daten aus einundvierzig Ländern, dass die Wirtschaft in jenen Ländern stärker wächst, in denen die Menschen überaus religiös sind. Der Effekt trat nicht nur in christlichen, sondern auch in buddhistischen und muslimischen Ländern auf. »Die Religion hat einen starken Einfluss auf die Disziplin, den Arbeitseifer und die Ehrlichkeit von Menschen«, schrieben die Ökonomen.

Der Soziologe Christoph Deutschmann widerspricht gar der Ansicht, dass der Platz, den früher die Religion einnahm, in der modernen Gesellschaft leer bleibt. Er beruft sich auf Georg Simmel, den Urvater der Soziologie und Autor der *Philosophie des Geldes*. Der habe gezeigt, dass es in der modernen Gesellschaft sehr wohl ein einigendes Medium gibt, das nahezu unbegrenzte Autonomie zulässt und bewirkt: nämlich Geld. Versuchen Sie mal, ganz ohne Geld zu leben, meint Deutschmann, wer das tue, der sei ähnlich aus der Gesellschaft ausgeschlossen wie der von der Kirche Exkommunizierte in vormodernen Zeiten. An Ausstiegsversuchen habe es nicht gemangelt, doch fast alle, die sie unternommen haben, sind längst wie reuige Sünder in den Schoß der Geld-Gemeinde zurückgekehrt, wie etwa Jerry Rubin, der Geld verbrennende Hippieheld der 1960er-Jahre, der in den 80er-Jahren gar Wertpapieranalyst wurde. Geld ist, so schreibt auch der Freiburger Soziologe Axel Paul, nicht nur ein Symbol für etwas anderes, sondern es ist das, was es symbolisiert. Es ist – wie Gott – eine »Chiffre«: Es misst nicht nur, sondern ist Wert. Wie Gott im Glauben verankert sei, ruhe Geld letztlich nur im Vertrauen.

Manch einer meint, dass Geldwirtschaft und Kapitalismus im Westen so floriere, liege daran, dass die Menschen durch das Christentum in hohen Abstraktionen geübt sind und sich nicht davon verschrecken lassen. Gott ist da, aber unsichtbar. Er ist einer, aber gleichzeitig auch drei. Maria war mit Josef zusammen, aber Jesus ist nicht von ihm. Das Kreuz ist das Zeichen für Gottes Gnade, in der Taufe werden die Sünden abgewaschen, beim Abendmahl ist Christus anwesend in Brot und Wein, er verbindet sich mit dem, der Blut und Leib empfängt. All das sollen Christen glauben, und ein Zweifel an diesen kirchlichen »Gewissheiten« führte schnell mal zum Tod auf dem Scheiterhaufen oder in einer inquisitorischen Folterkammer. So wird auch ohne Murren und in tiefem Glauben hingenommen, dass ein Schein, dessen reiner Herstellungspreis bei etwa vierzehn Cent liegt, wahlweise fünfzig, hundert oder fünfhundert Euro wert ist, je nachdem welche Zahl aufgedruckt ist. Je abstrakter Geld wurde, je mehr es sich von den materiellen Werten entfernt hat, auf denen es eigentlich beruhen sollte, umso mächtiger sollte es werden. Inzwischen, in Zeiten von Kreditkarten und Online-Banking, ist Geld genauso immateriell wie Gott. Man muss nichts mehr in der Hand haben, um zu wissen, wie wirksam es ist.

Dass die Finanzwirtschaft eine Fortführung des Christentums mit anderen Mitteln ist, zeigt sich auch im Verhältnis zur Schuld. Christen tragen eine schwere Last mit sich, weil Gott seinen Sohn für sie geopfert hat. Diese Gnade, dieses Geschenk, das sie eigentlich befreien soll von ihren Sünden, ist niemals und durch nichts aufzuwiegen. Man ist Gott immer etwas schuldig und so an ihn und die Kirche gebunden. Und auch dem Geld entkommt man nicht. Eine Parallele liegt auf der Hand: die zwischen der alten, christlichen Vorstellung von der Schuld, von der Erbsünde, die der Mensch ohne sein Zutun mitbekommen hat und mit der er zeit seines Lebens fertig werden muss; und der ebenso zu unserem Leben gehörenden Selbstverständlichkeit, Schulden zu machen und Schulden zu haben.

Geld ist in Münzen geprägte Freiheit, schrieb Dostojewski. Zwar kann man kaufen, was man will und leben, wie man will. Aber es ist wohl eher die Illusion von Freiheit, denn es muss immer neues Geld besorgt werden, weil Schulden drohen, Rechnungen sich häufen, Kredite abbezahlt werden müssen. Die Angst, aus der Zirkulation des Geldes herauszufallen, irgendwann leer auszugehen, ist immer präsent. Es bleibt die Verpflichtung, sich anzustrengen, sich anzupassen, damit man nicht irgendwann leer ausgeht. So wie ein Christ auch nie in seinen Bemühungen um ein gottgefälliges Leben nachgeben darf, damit er sich vielleicht irgendwann mal würdig erweist für all die Gnadenbeweise Gottes.

Wieder geerdet und banal gesagt: In unserem Alltag ist Geld auch eine Chiffre für unseren Wert, unseren Stellenwert in der Gesellschaft. Lohnverhandlungen, Lohnvorstellungen bestimmen ihn, weswegen wir uns auch so akribisch mit Strategie und Taktik bei Gehaltsverhandlungen beschäftigen und so empfänglich sind für Ratschläge wie: Wer mehr Lohn will, braucht nicht nur Verhandlungsgeschick! Warum Sie bei Gehaltsverhandlungen nicht besser gekleidet sein sollten als Ihr Chef, warum Sie Ihre maximale Gehaltsvorstellung nennen und wann Sie ein Coachingseminar besuchen sollten! Am besten ist aber immer noch das schnelle Geld. Wer reiht sich nicht heimlich in die entwürdigenden Schlangen vor den Lotto-Annahmestellen, wenn es gilt, den Superjackpot von dreiundvierzig Millionen Euro zu knacken. Wer hat nicht diesen kleinen, miesen, faulen Traum geträumt, die Kohle einzusacken und einen auf ganz fett zu machen.

Gewonnen haben den Superjackpot von dreiundvierzig Millionen übrigens Petra und Fritz. Und an deren Beispiel kann man exemplarisch sehen, dass es sich auch irgendwie nicht lohnt. Erstens werden diese beiden bescheidenen Gemüter als Gewinner des Super-Lottoscheins einer Boulevard-Zeitung seither – von eben dieser Boulevard-Zeitung – wie Zirkustiere durch die Manege herumgeführt. Und zweitens wissen sie überhaupt nichts mit dem Zaster anzufangen, im Gegenteil, er vernebelt nur ihr eigentlich gesundes Hirn. Fritz zum Beispiel wollte sich mal was richtig Großes, Teures gönnen, sich vermutlich »einen Traum erfüllen«, und bestellte sich einen VW Touareg, acht Zylinder, dreihundertfünfzig PS (rund fünfundsechzigtausend Euro). Da der Wagen acht Wochen Lieferzeit hatte, gab der Händler Fritz einen anderen Touareg (sechs Zylinder, zweihundertvierzig PS) als Leihwagen mit. Den wiederum kaufte Fritz anschließend in offensichtlich kompletter Verwirrung gleich auch noch. Jetzt hat er zwei Touaregs, beide in Schwarz, aber wenn Petra und Fritz zum Billig-Kaffee-Einkaufen nach Holland fahren (das machen sie immer noch), dann nehmen sie den ollen Golf, an den sind sie schließlich gewöhnt.

Vielleicht doch besser, man macht es wie Mark Boyle, ein Brite, der vor Kurzem von einem Selbstversuch berichtete, bei dem er ein Jahr lang ohne Geld lebte. Stattdessen zog er in einen alten Wohnwagen, pflanzte Gemüse, sammelte Beeren und Pilze und machte sich Zahnpasta aus wildem Fenchelsamen. Sein Fazit: »In einer Welt ohne Geld braucht man vor allem Geduld. Man braucht Stunden, um seine Wäsche zu waschen, in eiskaltem Wasser mit flüssigem Waschmittel, das man zuvor selbst hergestellt hat, indem man Seifennüsse auskocht. Mit dem

Fahrrad vierzig Kilometer in die Stadt zu fahren, dauert eben länger als mit dem Bus oder mit dem Auto. Aber man gewöhnt sich an alles. Das finde ich sehr beruhigend.«

DAS ACHTE GEBOT

Du sollst nicht falsch gegen deinen Nächsten reden, Hauptsache, du redest viel, am besten über WhatsApp. Oder besser noch über Telegram.

EIGENTLICH

Du sollst nicht falsch Zeugnis reden wider deinen Nächsten.

Man sollte eigentlich nicht viele Worte verlieren und einfach nur konstatieren: Wir leben in einer wahnsinnigen Labergesellschaft. Damit wäre alles gesagt.

Aber das geht ja heute nicht mehr. Um alles müssen große und vor allem viele Worte gemacht werden, kein

Wunder, dass es immer mehr Geschädigte zu Auszeiten ins Schweigekloster drängt. Joachim Lottmann hat in seinem, vor ein paar Jahren erschienenen, wunderbaren Roman *Die Jugend von heute* den großartigen Begriff vom »Laberflash« etabliert, und so soll es sein: Es wird pausenlos, immerzu und auf allen Kanälen drauflosgelabert. Nehmen wir zunächst nur zwei besonders prägnante Fälle: die politischen Talkshows im Fernsehen und die Kommentare zu online erschienenen Zeitungsartikeln.

Politische Talkshows im Fernsehen gibt es allein schon zur besten Sendezeit reichlich, Jauch, Will, Illner, *Hart aber fair*, Maischberger – dazu semipolitische wie Lanz –, und das alles mit den ewig gleichen Themen mit den immer gleichen Gesprächspartnern –: Wagenknecht, Todenhöfer, Hans-Olaf Henkel, Künast, Huber, Nahles, Jörges, irgendein Generalsekretär, der Chef des Bundes der Steuerzahler und dann noch jeweils ein Alibi-Betroffener aus dem Publikum. Fertig ist das erwartbare Szenarium. Und trotzdem, die Einschaltquoten sind bestens, TV-Talkshows sind offenbar eine sichere Bank. Im Jahr 2013 gab es laut einer Umfrage rund 7,73 Millionen Personen in der deutschsprachigen Bevölkerung über vierzehn Jahre, die sich sehr gern politische Talkshows wie eben jene mit Maybrit Illner oder Günther Jauch im Fernsehen ansahen.

Eine andere, in den letzen Jahren sintflutartig über uns oder besser gesagt über die jeweiligen Online-Ausgaben diverser Zeitungen und Zeitschriften kommende Plage sind die Kommentare zu online erscheinenden und mit Kommentar-Möglichkeiten ausgestatteten Artikeln. Nicht nur, dass man darüber staunt, wie viele Menschen es gibt, die sicher sind, sich mit Vehemenz zu politisch komplexen oder fremden Stoffen äußern zu müssen und zu Debatten etwas beitragen zu können, nein, das Ganze endet grundsätzlich und garantiert schon nach kurzer Zeit in wüsten Beschimpfungen und Beleidigungen. Gegen andere Kommentatoren, neuerdings vor allem auch gegen Journalisten und Redakteure. Die *Frankfurter Rundschau* hatte einen eigenen Artikel über jene Kommentarforen jüngst und nicht umsonst deswegen mit »Aus der Kampfzone« getitelt und berichtete aus eigener Erfahrung davon, wie man auf *fr-online* tagtäglich Dutzende Kommentare aus dem Netz löschen müsse. Neben der üblichen politischen Hetze aus allen Richtungen stehe, so die Redaktion, gerade Medienbashing hoch im Kurs. Die »Krawallmacher« bilden dabei politisch das gesamte Spektrum ab und lieben neben dem Streit untereinander vor allem die stete Benennung von Feindbildern und die Provokation der FR-Redaktion. Mit dem Generalvorwurf der »verlogenen und gleichgeschalteten Presse« poltern sie im Schutz der Anonymität durch die Foren – ein Phänomen, das das Internet mit sich gebracht hat –, als fände der eigentliche Klassenkampf beziehungsweise der Kampf um die Meinungshoheit genau dort statt. Meinungen: »Holladiewaldschwuchtel Ihr linksversifftes Geschwätz können Sie sich rektal … einführen«, meinte einer dem politischen Gegner zuflüstern zu müssen und beschwerte sich tatsächlich, als er der Löschung der Online-Redaktion zum Opfer fiel: »Vielen Dank für das Rausnehmen von Kommentaren, ihr linksversifften Wixer von der Rundsau.« »Fickt den deutschen Bundesaußenminister schmerzbehaftet ins Knie«, sei gängiger Slang. »Sagt mal, ihr Journalisten: Schämt ihr euch eigentlich so für gar nichts? Ihr seid die Handlanger einer kriegstreibenden und abzockenden Politikbande! Euer Schmierblatt sollte keiner mehr kaufen! Ihr belügt und manipuliert eure Leser! Und für den ganzen Krampf lasst ihr euch auch noch gut bezahlen ... abartig!!!«, stand unter einem Kommentar, der sich mit Montagsdemonstrationen auseinandersetzte. »Sehr geehrte Katja Thorwarth, leider nur Bullshit, den Sie da verbreiten. Suchen Sie sich einen anderen und seriösen Beruf.« So weit ein kleiner Einblick.

Am Anfang war das Wort, inzwischen sind viele Wörter. Sehr viele und gern auch böse. Die auch peinlichst genau überwacht werden. Der BND sammelt und speichert täglich zweihundertzwanzig Millionen Metadaten: Wer mit wem wann geredet oder geschrieben hat. Der Weg jeder digitalen Kommunikation lässt sich inzwischen gut nachverfolgen. »We kill people based on metadata«, sagte General Michael Hayden, der ehemalige Leiter von NSA und CIA. »Wir töten Menschen mithilfe von Metadaten.« Wobei man sich fragen muss, wer das überschauen will, wer mit solchen Daten eigentlich irgendetwas Sinnvolles anfangen kann.

Wir leben in einer Zeit der Informationsflut, und wir baden drin. »Schuld« an dieser Flut ist ohne Zweifel die schöne neue digitale Welt, die unser Leben, unserer Kommunikation, unsere Wahrnehmung und Selbstdarstellung rasant und dramatisch verändert hat. Mit dem Internet, mit mobiler Vernetzung haben wir uns eine Kommunikationsplattform geschaffen, die wie Gott ist: »allwissend, groß, unsichtbar«. So stand das in der schlauen Wochenzeitung *Die Zeit*. Und tatsächlich: Wenn wir uns von der Vorstellung verabschieden, Gott sei ein gütiger, alter Mann mit Rauschebart, was könnte Gott dann sein? Eben ein System, in dem jeder mit jedem vernetzt ist und sich permanent austauscht. Das klingt doch, wenn man einen Moment drüber nachdenkt, viel überzeugender und plausibler.

Es ist heute nicht mehr der Prediger auf der Kanzel, der das Wort führt, wir reden jetzt alle, und zwar kreuz und quer. Siebenhundert Millionen Menschen nutzen beispielsweise WhatsApp, weltweit wurden damit allein Anfang 2014 fünfzig Milliarden Mitteilungen verschickt, Tendenz steigend. Täglich werden über dreihundert Millionen Tweeds über Twitter verschickt. Es gibt Schätzungen, dass 2017 weltweit mehr als achtundzwanzig Billionen Nachrichten über SMS, E-Mail und vor allem soziale Medien wie Facebook oder WhatsApp oder Instagram gesendet werden. Der Inhalt ist oft dürftig: Es geht in Kurznachrichten zumeist darum, wo man gerade ist und was man macht oder machen könnte. »Kommst du zum Essen?«, »Bitte denken Sie daran, Herrn Heideböhmer anzurufen« oder »Ich bin total besoffen, hol mich ab«. Dadurch, dass die Vorstellung weg ist, dass Gott da ist, der uns sieht, der bei uns ist, mit dem wir allzeit ein Zwiegespräch führen können, sind wir allein. Beziehungsweise mit einem Smartphone in der Hand, mit dem wir ständig »on« sein können, sind wir es eben nicht mehr. Online zu sein ist Trost. Das Smartphone ist ein Ersatz.

Mehr als vierzig Millionen Deutsche besitzen ein Smartphone, sie checken fix nach dem Aufstehen ihre

Mails, verschicken auf dem Weg zur Arbeit die ersten WhatsApps und fühlen sich erst auf dem neuesten Stand, nachdem sie auf den Web-Seiten von *spiegel online*, *gala.de* oder *transfermarkt.de* gewesen sind und die neuesten Einträge studiert und möglicherweise kommentiert haben. Am Arbeitsplatz angekommen, werden die Mails gelesen und beantwortet, Verabredungen über WhatsApp mit Freunden getroffen, das Familienleben per Kurzmitteilung organisiert, am Abend mit den Eltern in der Provinz geskypt. An Wochenenden oder im Urlaub werden Smartphone oder Tablet nicht weniger genutzt, eher im Gegenteil. Die Arbeits-Mails müssen auch am Strand oder in der Après-Ski-Bar gelesen werden, zu groß ist die Angst, etwas Wichtiges zu verpassen. Etwa fünfzig Mal am Tag öffnet ein durchschnittlicher »Informationsarbeiter« seinen E-Mail-Account, siebenundsiebzig Mal benutzt er das Instant-Messaging-Programm für das Verschicken von Nachrichten, etwa vierzig Web-Seiten besucht er. So hat es die US-Beratungsfirma RescueTime errechnet, nachdem sie die Nutzerprofile von vierzigtausend Angestellten untersucht hatte.

Ganz besonders für Jungs ist das Smartphone eine Art Bibel. Mit zwölf Jahren hat die überwiegende Mehrheit, nämlich fünfundachtzig Prozent, bereits ein Smartphone, es wird zu einem »Buch«, in das man immer wieder (im Grunde permanent) hineinschaut und sich orientiert. Jugendliche beginnen heute bereits im Alter von zehn, elf Jahren soziale Netzwerke zu nutzen, sie kommunizieren und verabreden sich dort, sie stellen sich dar, hinterlassen Kommentare auf Facebook-Seiten. Jugendliche, denen es im Allgemeinen schwerfällt, über ihre Gefühle zu sprechen, überwinden bei der Kommunikation im Netz ihre Hemmschwelle eher. Das Netz ist ein Sprachrohr, es schafft und intensiviert tatsächlich – auch wenn wir Älteren daran ab und zu zweifeln mögen – Freundschaften; viele Studien haben das festgestellt. Andererseits macht das auch Druck, das oberste Gebot lautet nämlich: Du darfst nicht langweilen. Anhand von Followern, Facebook-Freunden oder Likes lässt sich schnell und für alle ersichtlich ablesen, wie beliebt man ist. Oder eben nicht. Es gibt Schätzungen, wonach dreißig bis vierzig Prozent aller Jugendlichen im Web Erfahrungen mit Cybermobbing gemacht haben.

Ist das Smartphone plötzlich kaputt oder gibt es keine Netzverbindung mehr, etwa weil man im Wald in ein Funkloch geraten ist oder im Flugzeug sitzt, löst das bei vielen von uns Symptome aus, die denen eines Süchtigen ähneln, dem der Stoff ausgegangen ist. Wenn schon auf kurzzeitigen Smartphone-Entzug mit Wut, Frustration, Nervosität und Hilflosigkeit reagiert wird, dann sprechen Wissenschaftler von einer »Nomophobie«, der »No Mobile Phone Phobia« oder auf gut Deutsch: der »Kein-Handy-Angst«. Aber selbst diejenigen, die sich nicht als süchtig, sondern als völlig normal bezeichnen, finden nichts dabei, beim Abendbrot mit der Familie schnell die neuesten Fußballergebnisse zu lesen. Oder beim Meeting parallel E-Mails zu checken. Oder beim Date die neuen Nachrichten der Fitnessgruppe auf WhatsApp zu lesen, sobald das Smartphone piept. (Und erstaunlicherweise findet auch der Mensch, mit dem man das Date hat, dieses Verhalten nicht wirklich irritierend.) Es ist normal geworden, in einer fröhlichen Kneipenrunde bei jeder aufkommenden, auch noch so nichtigen Frage sofort das Smartphone zu zücken – vorzugsweise Männer tun das – und nach einer Antwort zu googeln oder überhaupt im Netz zu suchen.

Sind wir tatsächlich süchtig geworden? Süchtig nach Kommunikation? Nach digitaler Kommunikation? Ist ein Smartphone inzwischen eine natürliche Ergänzung zu unserem Körper? Wir bekommen Angst, nicht wichtig zu sein, nicht da zu sein, wenn nicht stündlich E-Mails auflaufen, sich Freunde nicht auf Facebook oder per WhatsApp oder Instagram oder Telegram melden; oder was es sonst noch so Neues gibt, wenn dieses Buch erschienen ist. Kaum sind ein paar Wochen vergangen, schon existiert eine neue Plattform, auf der sich jetzt alle austauschen, schon ist WhatsApp out.

Kommunikation ist ein Grundbedürfnis des Menschen, mehr noch, sie ist sein wesentliches Merkmal. Tiere können sich untereinander verständigen, aber nur der Mensch kann sprechen und aus Lauten und Zeichen eine ganz eigene Welt erschaffen. Das Bedürfnis nach Selbstvergewisserung wird hauptsächlich über Sprache erfüllt. Männer gebrauchen im Schnitt täglich zwölftausend Worte, Frauen dreiundzwanzigtausend. Zwei Drittel aller Wortwechsel zwischen Erwachsenen drehen sich um andere, momentan abwesende Personen. Also um Inhalte, die sich mit dem sozialen Verhalten von einer irgendwie gearteten Gruppe beschäftigen. Jeder Tratsch mit Nachbarin A kann im Tratsch mit Nachbarin B ausgewertet werden.

Und wenn es nur heißt: »Frau A tratscht so viel.« Kommunikation generiert wieder Inhalte für die nächste Kommunikation, weswegen in Zeiten wie unseren, da die Stillen und Zurückgezogenen als verhaltensauffällig gelten, immer mehr Informationen in das große System eingespeist werden.

Wenn Kommunikation nicht mehr funktioniert, wenn Kommunikationsstörungen auftreten, es Probleme im Beruf oder in der Beziehung gibt, müssen die heutzutage schnell gelöst werden; Kommunikationsstörungen sind wie eine schwere Krankheit, gegen die sofort und wirkungsvoll vorgegangen werden muss. Denn eine gestörte Kommunikation unterbricht den Flow, in uns, mit anderen, in der Gesellschaft. Ein schweigsamer Typ zu sein ist kein Merkmal für einen liebenswürdig-verschrobenen Charakter mehr, sondern ein Problem. Je nach Stellung in beruflichen Hierarchien sogar ein gewaltiges.

Wenn es mit der »normalen« Kommunikation nicht mehr klappt, muss also rasch Hilfe her. Vor etwa zwanzig Jahren schwappte die Coaching-Welle von den USA nach Deutschland. Laut der 3. Marburger Coaching-Studie arbeiten derzeit etwa achttausend Coaches in Deutschland, auf gut zehntausend Einwohner kommt inzwischen ein Coach. Deutschland steht damit, was die Coach-Dichte im Land angeht, an dritter Stelle nach den USA und Großbritannien. Wer früher zögerte, eine Therapie zu machen, geht heute zum Coach. Ein Coach beschäftigt sich meist nicht lange mit den Problemen, sondern motiviert, macht fit und will die gestörte Kommunikation wieder in Gang setzen. Firmen geben irrsinnig viel Geld für das Coaching ihrer führenden Mitarbeiter aus, weil sie hoffen, dass es dann mit der innerbetrieblichen Kommunikation besser klappt und das Unternehmen insgesamt reibungsloser, leistungsfähiger und noch effizienter funktioniert. In fast allen größeren Unternehmen ist Coaching inzwischen ein fester Bestandteil der Personalentwicklung, denn wer von seinen Mitarbeitern fordert, dass sie zu Höchstleistungen auflaufen, muss ihnen wie einem Spitzensportler einen Coach an die Seite stellen: Man soll sich verbessern, die innerbetriebliche Kommunikation, das Klima soll freundlicher werden – schlechte Laune im Büro war gestern. Durch das Einstudieren neuer kommunikativer Muster werden wir nicht mehr darauf trainiert, das Maul zu halten und zu gehorchen, wir sollen stattdessen dazu gebracht werden, Initiative zu zeigen und Meinungen zu vertreten.

Mittlerweile gibt es in gut situierten Stadtbezirken an jeder Straßenecke einen Coach und die Möglichkeit zum Gespräch über die eigenen Möglichkeiten, Ressourcen, Motivationen, Werte, in Beruf wie Familie. Der Psychotherapeut ist ein wenig aus der Mode gekommen, der Coach hat die Rolle des modernen Seelsorgers übernommen, hier kann ich meine Sorgen – aus welchem Lebensbereich auch immer – loswerden, und bekomme Strategien vermittelt, wie ich selbst kreativ aus dem einen oder anderen Dilemma wieder herauskomme. Kreativ ist dabei das Zauberwort, »Kreativität« vermittelt heute das Gefühl, dass nur ich gemeint bin, dass mein innerstes Ich erkannt und meine Fähigkeiten und Talente gefördert und freigesetzt werden, und dass es für alles, aber auch wirklich alles eine Lösung gibt. Die Bezeichnung Coach ist nicht geschützt, es gibt keinen vorgeschriebenen Ausbildungsweg, deswegen kann sich jeder so nennen, der damit sein Geld verdienen will. Und die Chancen, damit ein einträgliches Auskommen zu haben, stehen nicht schlecht, das Durchschnittshonorar liegt bei hundertsechzig Euro pro Stunde.

Man versteht sich als »Orientierungshelfer« in einer unübersichtlich gewordenen Welt. Seit Ende der 1970er-Jahre damit begonnen wurde, die Stechuhren abzuschaffen, und Chefs nach und nach dazu übergingen, die Verantwortung für »Projekte« den »Teams« zu überlassen, seitdem weniger die geleistete Arbeitszeit zählt, sondern mehr das Ergebnis der Arbeit, müssen die Menschen sich selbst strukturieren und organisieren, um bei anwachsender Arbeitsbelastung den Überblick zu behalten. Wem es zu viel wird, der geht heute nicht zum Chef oder dem Betriebsrat und beschwert sich, nein, er geht zum Coach und bespricht sich, damit er sich verändert und leistungsfähiger wird. Das gilt natürlich auch für allzu Privates. Im persönlichen Gespräch, in vielen, langen persönlichen Gesprächen zwischen Berater und Klient werden selbstverständlich auch Strategien bei Beziehungsproblemen oder Stress mit den heranwachsenden Kindern sondiert, abgewogen und neue kommunikative Wege aufgezeigt. Nebenbei: Es gibt alles mögliche, auch Glückscoaches, Bachblüten- und Hypnosecoaches, Astro- und Tantracoaches, so manches Gespräch geht dann auch nonverbal.

Und so kommunizieren wir in einem fort: Nicht, dass es nicht Spaß machen würde, sich auszutauschen, miteinanderander zu reden, zu diskutieren, etwas zu kommentieren, auf etwas zu reagieren, zu flunkern, zu flirten … Das alles erfüllt schon seinen Sinn, nämlich soziale Interaktion herzustellen, nur – es gibt keine Pause mehr. Es ist kein Platz mehr für eine Reflexion auf das Gesagte, keine Zeit mehr für ein Abwägen und Nachdenken, sondern es geht bambambambam, es geht :'-) oder @›—›--- oder #:-)

Vielleicht sollten wir an dieser Stelle einfach mal etwas Platz lassen, um das bisher Geschriebene sacken zu lassen.

Sollte die herkömmliche Chipherstellung, die auf Laserlicht und Silizium beruht, an ihre Grenze kommen, wird es mit neuen Schaltungen, die auf Biomolekülen, Nanomaterialien oder subatomaren Prozessen beruhen, weitergehen. Wie wir kommunizieren wollen, ist aber nicht nur eine Sache der Technik und Möglichkeit, sondern unsere Entscheidung. Uns stehen vierundzwanzig Stunden des Tages Worte zur Verfügung, trotzdem müssen wir nicht ständig Informationen produzieren und generieren, wir können Pausen einlegen, in denen wir schweigen. In denen wir still sind, während Milliarden von Daten um uns herum auf dem Weg sind. Oder eben ins Schweigekloster gehen oder in Räume der Stille. Wenn wir noch einmal auf den bereits eingangs zitierten und in Bezug auf die Zukunft der Kirche illusionslosen Soziologen Detlef Pollack zurückkommen wollen, der unter anderem sagte, dass in hochkomplexen, schnelllebigen Gesellschaften Menschen »Inseln der Ruhe und der Besinnung« bräuchten, dann liegt da vielleicht eine Chance, dass sich alte Religion verlorenes Terrain zurückerobert und eine Nische findet: in Ruhe und Besinnung. Denn eigentlich haben fast alle ersatzreligiösen Handlungen mit Tempo und Unruhe zu tun. Schweigen geht nicht. Innehalten, nach einer richtigen Antwort suchen, einen Moment überlegen, das ist nicht mehr akzeptabel. Es erinnert an »Aussitzen« und Helmut Kohl, wir aber brauchen Speed.

Wir sind ungemein gierig nach Effizienz und Geschwindigkeit: Wenn ich eine Nachricht losschicke, will ich sofort eine Reaktion, wenn ich etwas nicht weiß, will ich innerhalb von Sekunden eine Antwort. Unsere Schriftkultur scheint manchen am Ende zu sein, sie hat sich aber nur sehr verändert. Wir schreiben ständig, meist kurze Nachrichten, nicht mehr in gültiger Rechtschreibung, oder am besten gleich nur Smileys. Nichts für die Nachwelt. Allerdings sind wir deswegen noch lange keine Idioten. Studien haben ergeben, dass entgegen aller Schreckensszenarien vom »Untergang des Abendlandes« der durchschnittliche Intelligenzquotient in den vergangenen Jahrzehnten gestiegen ist. Das kann sowohl mit besserer Ausbildung, einer ausgewogeneren Ernährung, aber eben auch mit der zunehmenden Technisierung unseres Lebens zusammenhängen, die uns permanent drängt, Neues zu lernen.

Die Kommunikation indes ist gespickt mit Nebensächlichkeiten: Stolze Mamis twittern putzige Aussprüche ihres Nachwuchses. Politiker ihre launigen Mini-Kommentare zu einer Bundestagsdebatte. Vieles an unserer Dauerkommunikation ist Klatsch. Komplizierte Hintergrundberichte und Analysen finden sich in unserer digitalen Welt immer seltener, stattdessen werden schnelle Reize bedient. Empörungen, Katastrophen, Skandale, Schicksale werden erzählt, kurz und knapp. Es geht nicht darum, die Komplexität der Welt zu erfassen und sie zu ertragen, sondern um schnelle, einfache, handhabbare Informationen. Über dreitausend Kommentare in drei Stunden hat etwa CDU-Generalsekretär Peter Tauber in einer schnellen Meinungsumfrage auf Facebook zur Homo-Ehe generiert. »Mich interessiert Eure Meinung zur ›Ehe für alle‹. Ein einfaches ›ja‹ oder ›nein‹ reicht«, postete Tauber am Morgen, bis Mittag hatten bereits über dreitausend

Nutzer reagiert – die meisten von ihnen sprachen sich klar für die volle Gleichstellung der Homo-Ehe aus.

Das Internet macht aus allem einen großen Dorfklatsch, mit dem eine Gruppe sich selbst diszipliniert und auf tradierte Regeln immer wieder einschwört, einen Global-Village-Klatsch. Jeder kann mit jedem über jeden klatschen, ohne dass dies Folgen hätte. Der ständige Austausch mit Bekannten und Unbekannten, mit Personen oder Seiten über Belanglosigkeiten schaffe das »mediatisierte Gefühl einer virtuellen Intimität«, sagt die Kommunikationspsychologin Katrin Döveling.

Evolutionsforscher meinen, über Klatsch werden Benimmregeln vermittelt, Regeln, die dem sozialen Leben eine Ordnung geben. Primaten kraulen sich gegenseitig das Fell, um Vertrauen zu schaffen, Verbündete zu finden, ihre Sozialkontakte zu pflegen, hat der Evolutionsanthropologe Robin Dunbar in Feldstudien festgestellt. Menschen erfanden die Sprache, schließt er daraus, als sie in immer größeren Gruppen zusammenlebten, um dasselbe effizienter zu erreichen. Indem sie sich über akustische Signale austauschen, verbinden sie sich in kürzerer Zeit mit weit mehr Artgenossen, als sie durch Kraulen je erreichen würden.

Unsere Informationssucht, unsere Fixierung, sowohl Informationen aufzusaugen als auch uns selbst mitteilen zu wollen, zeigt auch, dass wir uns als globale Bürger fühlen. Unser Interesse endet nicht mehr in den engen Grenzen von Wohnort, Arbeitsplatz und Familie, wir sind durchaus in der Lage zu erfassen, wie es Menschen in Nepal geht, wenn sie durch ein Erdbeben alles verloren haben. Oder Kindern in einem der vielen Bürgerkriege in Afrika. Wir drücken unser Mitgefühl mit Eltern aus, die ihre Tochter durch einen Flugzeugabsturz verloren haben, irgendwo in einem Internet-Forum oder auf Facebook, Hauptsache die Welt erfährt davon. Wir haben Empathie, die früher in der Kirche herausgefordert wurde, sie gehört zum Menschsein dazu, aber heute richtet sie sich, dank unserer kommunikativen Möglichkeiten, lieber aufs Unbekannte, Anonyme, Entfernte. Es ist leichter geworden, mit Menschen zu fühlen, die Hunderte oder Tausende von Kilometern entfernt sind, als mit denen mitzufühlen, die im eigenen Haus leben, krank oder arm oder einsam sind. Wir haben so viel Mitgefühl in uns, dass wir es zeigen müssen, am besten indem wir ein Häkchen bei irgendeiner Blitzumfrage setzen oder ein Like auf Facebook anklicken, so werden wir von unserem schlechten Gewissen entlastet.

Die sozialen Netzwerke erfüllen die Sehnsucht nach Bestätigung, nach einem festen sozialen Gefüge, das Sicherheit vermittelt. Wir bekommen Rückmeldungen, werden wahrgenommen. Seit die Strukturen von Familie, Kirchengemeinde und Nachbarschaft erodieren, ist das Netz, sind Special-Interest-Foren, Facebook und Twitter die Gemeinden, in denen wir uns zum Plausch treffen. Wir tauschen uns aus, suchen Partner, kaufen ein, wir holen uns Rat und selbst Erbauung über das Netz: Das Bistum Würzburg schickt über WhatsApp an jeden, der es will, spirituelle Impulse. Wir können demonstrieren, was für ein cooles Leben wir uns entworfen haben, wohin wir reisen, was uns gefällt, welche Freunde wir haben. Man stellt die eigene Beliebtheit und Lebendigkeit aus, in der Hoffnung, Bestätigung zu bekommen, und sei es in Form von Neid.

Erst 2007, also vor nicht einmal zehn Jahren, kam das iPhone auf den Markt, womit das begann, was unser Leben grundlegend verändert hat: die Vernetzung, egal, wo wir uns gerade befinden. Von überall haben wir Zugriff und kann auf uns zugegriffen werden. Seitdem das Netz immer und überall verfügbar ist, haben sich Arbeits-, Freizeit- und Sozialleben rasant verändert. Und nicht nur das: Soziologen und Neurologen, Psychiater und Pädagogen forschen darüber, wie das Internet und digitale Medien die Menschen und ihr Gehirn verändern. Noch gibt es keine allgemeingültigen Resultate, die erste Generation, die mit Smartphone und Internet aufgewachsen ist, wird gerade erst erwachsen. Aber offensichtlich ist, dass Menschen, während sie sich unterhalten – oder es zumindest versuchen – und gleichzeitig auf ihr Handy starren, eine große Unruhe umtreibt und sie nicht mehr in der Lage sind, sich auf eine einzige Sache zu konzentrieren. Pessimisten unken, dass wir deshalb bald keine originären Gedanken mehr entwickeln, weil wir nicht mehr geduldig und ausdauernd an einem Thema arbeiten.

Die geschriebene Sprache, das gedruckte Wort, das Ausführliche, »Druckreife«, das das noch versprach, hat seine besten Zeiten hinter sich; die Krise auf dem Zeitungs-, Zeitschriften- und Buchmarkt ist ein untrügliches Zeichen. Inhalte werden heute lieber schneller aufgenommen, wenn sie zusätzlich zu kurzen Kommentaren und Informationen noch visualisiert sind. Wir brauchen jetzt

Grafiken, Fotos und am besten bewegte Bilder, um Sachverhalte zu verstehen, vor allem aber erst einmal, um uns für sie zu begeistern.

Unser Denken verändert sich, weil wir googeln, was wir nicht wissen, weil wir nicht mehr lange überlegen müssen, sondern entsprechende Gedanken, Ideen und Kommentare im Internet suchen und finden. Und die Teile, die uns gefallen, können wir zusammenkopieren, und sie werden ein eigener Gedanke. Da das kinderleicht ist und zumeist auch keinen großen Aufwand mehr erfordert, kann jeder mitreden beziehungsweise mitschreiben beziehungsweise kommentieren. Copyright ist etwas aus dem vergangenen Jahrhundert. Die Bibel kannte noch einen Urheber, heute sind wir alle Kopisten und Verfasser. »Freies Kopieren und freie Nutzung« im Internet und die Änderung des Urheberrechts fanden sich ganz oben auf der Programmagenda der Piraten-Party. Die Partei ist zwar verschwunden, die Idee, dass es keinen Eigentumsbegriff für Ideen, für Bilder, Texte, Filme gibt, weil alles »Kultur« ist und damit für jedermann (und frau) zugänglich und veränderbar, ist längst Realität.

Wenn Sie wollen, nehmen Sie also diesen Text oder Teile davon, und stellen Sie sie ins Netz und tun so, als wären es Ihre eigenen. Und wenn Sie es nicht mögen, schreiben Sie einfach drunter: »Fanden Sie diesen Abschnitt auch Bullshit?« – a) ROFL, b) WTF oder c) FAIL.

DAS NEUNTE GEBOT

*Du sollst nicht begehren
deines Nächsten Gut,
beim Shoppen findet sich bestimmt
noch was Besseres.*

EIGENTLICH

Du sollst nicht begehren deines Nächsten Haus.

Vor geraumer Zeit hat sich der Plakatkünstler Klaus Staeck, bis vor Kurzem noch Präsident der Akademie der schönen Künste, furchtbar aufgeregt. Über die grassierende »Fahr-Geilheit«, die durch die Formel 1 geschürt würde, wodurch ein völlig falsches Vorbild für den deutschen Autofahrer entstände: »Besser«, so Staeck, »die Fahrer blieben zu Hause und Daimler produzierte umweltfreundlichere Karossen.« Und keine – und jetzt kommt's – »Luxus-Off-Roader wie den Mercedes ML 63 AMG 4MATIC mit 16,6 Liter Super Plus auf 100 Kilometern, der noch vor den Amerikanern die Liste der größten Dreckschleudern anführt.«

Womit wir beim üblichen Stakkato über »Spritfresser« wären, der reflexartigen Miesmacherei von SUVs, also Autos, die ein bisschen größer und dicker daherkommen. Wie eben der Mercedes ML. Abgesehen davon, dass das natürlich keine besonders originelle Polemik mehr ist, fragt man sich doch verwundert, warum ausgerechnet der Präsident der Akademie der schönen Künste in das übliche Lamento über »Dreckschleudern« einstimmt.

Und wenn schon eine Autodebatte, wieso denkt er nur in strengen ökologischen Kategorien? Hat er keinen Sinn für Schönheit, ist nur das Nützliche schön, und reden wir vernünftigen Deutschen uns das nicht ohnehin schon pausenlos ein? Wo bleibt die Freiheit des Künstlers, die Frechheit des Künstlers, der den Luxus, das Einmalige, das Besondere, Großartige, Maßlose feiert? Anscheinend hat Klaus Staeck nie in einem lederausgestatteten Q7 gesessen. Er hat ganz offensichtlich noch nie den Wahnsinnssound eines Zwölfzylinders gehört, er plädiert bestimmt aus »Vernunftgründen« für einen sparsamen Diesel, der klingt, wie eine RTL-II-Nachmittagsshow aussieht. Er scheint keine Ahnung davon zu haben, was für ein erhabenes Gefühl es ist, in einem X5 wie auf einem Thron zu sitzen. Er hat offenbar noch nie von so großartigen, im Lichte von Ingenieurskunst glänzenden, technischen Schönheiten wie »Head-up Display« oder »adaptivem Kurvenlicht« gehört, die gerade in SUVs verbaut werden. Und überhaupt das Platzangebot in einem Mercedes ML oder BMW X5. Da fühlt man sich nämlich frei und geborgen zugleich, der Mann von der Akademie will unsereinem doch nicht im Ernst erzählen, dass es angenehmer und wohliger sei, sich wie eine Ölsardine in einen Opel Corsa oder Renault Clio zu zwängen.

Nicht nur Geiz ist geil, sondern auch Luxus. Geben wir's zu! Mit seinen Aversionen gegen SUV ist Staeck nämlich in der Minderheit. SUV sind nach wie vor das Segment mit den höchsten Zuwächsen im vergangenen Jahr – auch wenn der typische Neuwagen 2014 ein schwarzes Kompaktauto mit Benzinmotor war. Wer es sich leisten kann, greift zum SUV; wer es sich nicht leisten kann, träumt zumindest davon.

Dinge haben eine Magie. Das Auto, das wie ein guter Freund zu sein scheint, die Jeans, in der man sich noch mal wie zwanzig fühlt, die Einbauküche, in deren Chromglanz man zum Meisterkoch wird. Mit den Dingen, mit denen wir uns umgeben, bauen wir einen Kokon, in dem wir es uns behaglich machen können, der uns schützt vor den Ungewissheiten des Lebens. Nicht von ungefähr ist der SUV auch deshalb so beliebt, da er durch seine erhöhte Sitzposition, seine Robustheit und seine feine technische Ausstattung ein besonderes Gefühl von Sicherheit vermittelt.

Durch Dinge, die wir kaufen, signalisieren wir, wer wir sein wollen, für wen man uns zu halten hat. Es macht einen Unterschied, ob wir Gäste einladen, mit uns auf dem Rolf-Benz-Sofa zu lümmeln und dabei ein Glas Bling

H_2O, neunmal gefiltertes Mineralwasser für fünfundvierzig Euro die Flasche zu trinken, oder ob es eine Möbel-Höffner-Garnitur ist und es Beck's aus der Dose gibt. Beides kann genauso nett und unterhaltsam sein, und trotzdem geben wir ein ganz anderes Statement ab. Es ist etwas anderes, ob eine Frau in Louboutin-Schuhen die Beine übereinanderschlägt oder in Doc Martens. Dinge haben eine Botschaft. Sie helfen, unsere Identität auszudrücken, und manchmal auch, sie überhaupt erst zu entwickeln. Dass die Jugend rebellisch wird, zeigt sich daran, dass sie plötzlich andere Dinge haben will als die Eltern. Sie können abgrenzen, ja quasi Verachtung für die »Alten« zeigen, weil Papa noch einen alten Opel fährt oder Mama beim iPhone 4 stehen geblieben ist.

Es ist ein Zeichen von Status, ein Zeichen unserer Einstellung zum Leben, ob wir einen X5 oder einen Passat Kombi vor der Tür zu stehen haben. Dinge sind die Requisiten, mit denen wir unser Leben ausstatten, mit denen wir ihm eine bestimmte Stimmung und Richtung geben. Nur in den seltensten Fällen machen wir diese Dinge noch selbst, das Handwerk dazu haben wir meist verlernt – wir kaufen sie. Weswegen einkaufen auch so viel mehr ist als einfach nur »Besorgungen machen«. Es geht dabei im Grunde um alles, es geht um unser Selbst. Marken verkaufen ganz bewusst eine Lebensphilosophie, das Produkt selbst wird dabei zur Nebensache. Zwar gab es schon Ende des 19. Jahrhunderts Persil und Maggi, doch waren das seinerzeit in erster Linie solide deutsche Produkte, die treue Käufer hatten. Die inhaltliche Aufladung einer Marke begann erst in den 1970er- und 1980er-Jahren, und da vor allem bei der Kleidung. Wer ein richtiger Popper sein wollte, musste Lacoste-T-Shirts tragen. »Benetton« und »Boss« etablierten sich als Edel-Marken, die sich aber auch Normalsterbliche leisten konnten. Das Logo wurde so etwas wie ein beständiges Preisschild, weil jeder wusste, was solch ein Produkt in etwa kostete – nämlich ordentlich. Markenklamotten sollten signalisieren: Ich kann mir das leisten, ich habe Geld.

Das ist allerdings als Botschaft relativ unsexy und erschöpft sich schnell. Inzwischen suggerieren Marken ihren Kunden ein weitaus ausgefeilteres Image. Sie verheißen, dass sie all die Sehnsüchte eines unsicheren, manchmal frustrierten Selbst erfüllen können. Dass wir schöner, kreativer, wichtiger, begehrter werden, wenn wir nur die richtigen Dinge einkaufen. Wir sehnen uns auch nach dem heiter-glücklichen Familienleben, das in der Werbung für Bausparverträge oder das richtige Frühstück suggeriert wird. Landwurst, Frühstücksceralien oder Margarine festigen offensichtlich Beziehungen, sie bringen die Menschen zusammen in hellen, teuren Küchen oder weitläufigen Gärten. Die Kinder sind niedlich und schlau (wahrscheinlich hochbegabt), die Väter fürsorglich-bedacht und allzeit zu Scherzen aufgelegt, die Mütter durchtrainiert und gut gelaunt. Das richtige Parfüm macht erotisch und selbstbewusst, Autos mobil und ausgeglichen. Es gibt Werbung, die uns zeigt, wie wir unsere Nachbarn neidisch machen können, und solche, die uns einfach nur geradezu orgiastischen Genuss verheißt. Zumindest sehen die Menschen, die in der Werbung in Schokolade beißen, oft so merkwürdig hingebungsvoll aus.

Shoppen kann uns aus jeder Form von Einsamkeit und Langeweile befreien. Konsum ist ein starker Religionsersatz. Am Samstag Großeinkauf zu machen ist eine Gewohnheit geworden, die den sonntäglichen Kirchgang ersetzt, nicht von ungefähr gibt es auch immer wieder harte Kämpfe (Konsum gegen Kirche) darum, den Sonntag als Shopping-Tag zu etablieren. Von wegen »Sechs Tage sollst du deine Arbeit tun; aber des siebenten Tages sollst du feiern, auf dass dein Ochs und Esel ruhen und deiner Magd Sohn und der Fremdling sich erquicken« ... Wer legt denn fest, was »feiern« heißt, ist Feiern nicht gleich Rausch, Konsumrausch?

Konsum ist Erleichterung. Hier wird die Last des Alltags, ach was, der Existenz abgelegt. Das findet nicht mehr im Gebet oder bei der Beichte statt, sondern eben beim Shoppen. Kaufhäuser, wenn sie denn den Charme von Billigmärkten hinter sich gelassen haben, werden nicht umsonst und schon lange »Kathedralen des Konsums« genannt. Das bekannteste Kaufhaus Deutschlands und zugleich mit sechzigtausend Quadratmetern Verkaufsfläche das größte Warenhaus Kontinentaleuropas, ist das Berliner KaDeWe. Zur Eröffnung vor über hundert Jahren hatte der Architekt Johann Emil Schaudt über dem Eingang einen kleinen Balkon geschaffen, über dem wiederum eine Uhr aus Bronze mit einem Zifferblatt von drei Metern Durchmesser hing. Zu einer bestimmten Uhrzeit öffneten sich zwei Tore beiderseits der Uhr. Daraufhin umrundete das Uhrwerk eine bronzene Hansekogge mit vollen Segeln – das Wahrzeichen des KaDeWe, gleich dem Figurenspiel an den Uhren der Kathedralen.

Hirnforscher sagen, dass beim Kauf von Dingen, sei es Kleidung, ein Auto oder irgendwelches Kunsthandwerk, dieselben Hirnregionen tätig werden wie bei bestimmten religiösen Gefühlen oder Praktiken – das Stirnhirn, dort, wo das Belohnungs- und Motivationszentrum sitzt. Der Hirnscan zeigt keinen Unterschied, egal, ob man an ein Schnäppchen denkt, das man kürzlich erstanden hat, oder sich auf Gott konzentriert. Beides verschafft Wohlbefinden durch die Ausschüttung von Dopamin. Dieses Wohlbefinden braucht der Mensch, es motiviert ihn zu handeln. Unsere Vorfahren etwa wagten sich nur in Erwartung des guten Gefühls, wenn die Tat vollbracht war, hinaus aus der Höhle, um ein Mammut zu jagen. Wenn wir wiederum heute am Samstagnachmittag in den Shopping-Malls oder im Internet unterwegs sind, immer auf der Suche nach den ultimativen Dingen, die unser Leben angenehmer machen sollen, dann sind wir im Grunde wie die Jäger, die hinter dem Mammut her sind. »Früher hatten die Menschen nicht viel«, sagt der Neurowissenschaftler Professor Christian Elger. »Deswegen brauchten sie die Religion. Auch das Gefühl, ein guter Mensch zu sein, sich an die Gebote zu halten und es Gott recht zu machen, bringt das Stirnhirn in Bewegung. Heute gibt es jedoch viel mehr Möglichkeiten, etwa das Shoppen, das uns dieses Wohlbefinden verschafft.« Deswegen, so seine Vermutung, brauchten immer weniger Menschen eine Religion.

Der Philosoph Peter Sloterdijk behauptet, moderne Gesellschaften seien »große Neidkraftwerke«. Durch ihre Käufe erzeugten die Menschen spiralförmig immer neue

Eifersucht, und nur durch Vermehrung des Warenangebots könnten die »Brennstäbe des Neides vor dem Durchbrennen« geschützt werden. Eineinhalb Jahre seines Lebens verbringt jeder Deutsche im Durchschnitt damit zu shoppen. Rund sechstausend Werbebotschaften prasseln täglich auf ihn ein. Einkaufspassagen sind Reiche für sich, wer eintaucht, kann Stunden oder sogar Tage hier verbringen. Dubai, das begehrte Reiseziel in der Wüste, ist nichts anderes als eine einzige, riesige, glitzernde Kauf-Kathedrale mit Badestrand. Andererseits wähnt man sich manchmal beim Shoppen in der Mangelwirtschaft des Realsozialismus; da wird geschubst und gedrängelt und in der Schlange gestanden, so als sei in unserer spätkapitalistischen Überflussgesellschaft der Notstand ausgebrochen. Dabei eröffnet nur ein Elektronikmarkt und lockt mit ein paar Sonderangeboten, oder ein Discounter hat besondere Schnäppchen auf Lager: Dann strömen die Massen herbei und leeren hektisch die Paletten, so als gäbe es kein Morgen mehr.

Nicht von ungefähr ist Alexander Behrend, der eine Aldi-Fanseite ins Internet stellte, ein Pastor aus Reutlingen. Er sieht Ähnlichkeiten zwischen seiner Kirche und dem Discounter. »Wenn Sie den Aldi betreten, bekommen Sie Brot und Wein. Und am Ausgang folgen die Ankündigungen in Form der Hinweise auf den nächsten Aktionstag«, sagt er. »Wie die Kirche vereint der Discounter alle gesellschaftlichen Milieus unter einem Dach.«

Das Ludwigshafener Wilhelm-Hack-Museum verfasste vor geraumer Zeit in einer witzigen, natürlich auch konsumkritischen Ausstellung mit dem koketten Titel »I love

ALDI« eine Liebeserklärung an die Welt der Discounter und brachte Künstler und Objekte aus der Discount-Welt zusammen unter ein Ausstellungsdach. Gleich am Eingang hing hoch oben ein Werk von Iskender Yediler, es hieß »ALDIPLUSLIDL«: ein aufblasbares Kreuz aus geklebten Einkaufstüten der bekannten Billigmarken, das die inzwischen »kultische Dimension des Konsums, seinen quasi religiösen Status« verbildlichen sollte.

Dass wir in unserer globalisierten Welt noch ein Heimatgefühl entwickeln können, verdanken wir oft Marken, den Kaufhaus-Ketten, den Bau- und Elektronikmärkten. Hier bewegen wir uns auf vertrautem Terrain. So wie in den Gottesdiensten die Liturgie und die Lieder Geborgenheit geben können, der Geruch von Weihrauch und die Stille in der Kirche, weil sie seit der Kindheit dazugehören, so sind es heute die Slogans, die wir in der Werbung hören und nachbeten, das Promi-Werbegesicht als modernes Heiligenbild, das immer gleiche Design der Unternehmensfilialen und Marken. Wir müssen dafür nicht mal mehr vor die Tür, all das finden wir auch im Internet.

Darum geht es eigentlich. Ums Zuhausesein. In Zeiten zunehmender Mobilitätsanforderungen, in denen es eher unsicher ist, ob man in derselben Stadt, demselben Land oder sogar auf demselben Kontinent sein Leben verbringt wie noch einst die Eltern und Großeltern, brauchen wir etwas, das größer ist als Familie, das überall zu haben ist, in welcher Ecke der Welt wir uns auch befinden. Das uns Sicherheit und Beständigkeit gibt, wir finden es bei H&M, LIDL, Hugo Boss, Adidas oder Ikea. Sehr schön die schon etwas ältere Mercedes-Werbung: Ein Mann steigt aus dem Flugzeug, taucht ein in Hitze und arabisches Gewimmel, ist genervt von Lärm und Menschen. Dann tritt er hinaus auf die Straße, vor ihm eine Mercedes-Limousine, befreit lächelnd steigt er ein. »Willkommen zu Hause«, heißt der Slogan. Er ist daheim, in einem kleinen, sauberen und sicheren Deutschland. Der silberne Stern auf der Kühlerhaube ist so tröstlich und verheißungsvoll wie das Kreuz auf einer Kirche. Beide sagen: Bei uns bist du gut aufgehoben. Wir sorgen für dich. Vertrau uns.

Wir fühlen uns dann nicht mehr allein und hilflos, sondern stark. Der Stern auf dem Kühler oder ein großes, fettes Logo, das auf dem Hinterteil einer Jeans prangt – die Marke markiert uns, dank ihrer fühlen wir uns ohne große Worte zu einer Gemeinschaft zugehörig, wir wissen sogleich, dass wir Anhänger des gleichen Lebensgefühls sind.

Marken können Erotik, Freiheit und Abenteuer ausdrücken, oder auch Natur, Gesundheit, Lebensfreude, Freundschaft und Familienglück. »Logos werden zu Fetischen, mit denen man sich identifiziert«, schreibt Naomi Klein, Autorin des Bestsellers *No Logo*. »Marken nehmen einen immer größeren öffentlichen Raum ein, weil es eben nicht mehr um die Produkte geht, sondern um das Image, das verkauft wird.« Wir vertrauen der Marke, wie frühere Generationen den Kirchen vertraut haben. Die Marke meint mich. Um mein Lebensgefühl auszudrücken, schafft sie ihre Produkte. Sie stützt und stärkt mich, macht mir Mut, ich selbst zu sein. »Sag ja zu dir«, lautet der Slogan für Dove, »Just do it«, rät uns Nike. Auch wer an Gott glaubt, hofft auf eine exklusive Beziehung zum Allerhöchsten.

Dinge, die man kaufen kann, sind lange schon nicht mehr nur nützlich oder lebensnotwendig, ihnen wird eine Art Zauberkraft zugesprochen: Sie können uns verändern, uns schöner, klüger, beliebter und begehrter machen. Und so schleppen wir unsere Einsamkeit, unsere Minderwertigkeit und unsere Langeweile in die Konsumtempel und hoffen auf Erlösung. Doch es sind grausame kleine Götter, die dort hausen, sie spielen nur mit unserer Sehnsucht. Shoppen führt nicht dazu, dass wir irgendwann genug haben. Wir bleiben unbefriedigt. Wir wissen, welchen Schaden wir mit unserem immer schneller werdenden Kreislauf von Kaufen und Wegschmeißen und wieder Kaufen anderen Menschen und der Natur zufügen können, wir wissen, wie sinnlos das oft ist, das noch neuere Produkt zu besitzen, aber wir ändern es nicht. Im Gegenteil, die Möglichkeit, es gebe im Supermarkt nur noch fünf Kaffeesorten statt zehn, oder wir dürften nicht mehr in schöner Regelmäßigkeit den alten Jahreswagen gegen einen neuen tauschen und hätten nicht mehr ein Paar Schuhe für jede Aktivität und Wetterlage, macht uns unruhig und unzufrieden. Keine Flugananas mehr? Kein Zalando-Paket, das auf uns wartet, wenn wir nach einem langen Arbeitstag heimkehren?

Der Ökonom John Maynard Keynes stellte fest, dass Bedürfnisse »unstillbar« seien. Je höher der Lebensstandard, desto anspruchsvoller würden wir werden. Diese nie zu erfüllende Sehnsucht in uns hat allerdings nicht der Kapitalismus geschaffen, er nutzt sie einfach nur geschickt und lässt sie immer größer werden. Wir suchen Sinn. Warum gibt es mich? Was macht mein Leben lebenswert? Gibt es eine Macht, die weit größer ist als ich? Diese Fragen haben sich Menschen schon immer gestellt, aber erst sehr spät in unserer Entwicklung haben wir darauf Antworten gefunden wie: »Weil ich es mir wert bin«, »Willst du viel, spül mit Pril«, und: »Nichts ist unmöglich! Toooooyoootaaaaa!« Religion gab Geborgenheit durch einen allmächtigen Gott und durch die Gemeinschaft der Gläubigen. Diesen Job haben heute Marken übernommen. Sie geben uns nicht nur eine Identität, weil wir uns durch unsere Entscheidung für oder gegen bestimmte Marken abgrenzen und definieren können, sie geben uns auch das Gefühl, zusammenzugehören mit den anderen, die die gleichen Entscheidungen treffen. Wir bilden eine »Brand Community«. Der Begriff bedeutet Markengemeinschaft oder Markengemeinde, die amerikanischen Wissenschaftler Albert Muniz und Thomas O'Guinn haben ihn geprägt. Sie definieren eine »Brand Community« als eine nicht geografisch gebundene, auf sozialen Beziehungen zwischen den Bewunderern einer Marke bestehende Gemeinschaft.

Da es eine riesige Auswahl von eigentlich austauschbaren und oft nicht benötigten Produkten gibt, müssen Unternehmen eine dauerhafte Bindung zu den Kunden herstellen, um ihren Absatz zu sichern; das hat man sich von Religionsgemeinschaften abgeguckt. Eine Marke ist ein transzendentales System, wahrscheinlich stabiler und beständiger als alles andere in säkularer werdenden Gesellschaften. Marken, behauptet der Kommunikationstheoretiker Norbert Bolz, haben die Kirchen inzwischen bei der »Sinnstiftungskompetenz« überholt.

Zu dieser Sinnstiftung gehören Geschichten, die die Marken über sich selbst erzählen. Sie sind das Angebot an den Kunden, eine emotionale Beziehung einzugehen, sich zu binden. Meist fängt es mit dem Gründermythos an. Jugendliche wie Bill Gates oder Steve Jobs, die in Garagen herumbastelten, bis sie milliardenschwere Unternehmer wurden. Manchmal entwerfen Unternehmen Storys am Reißbrett, bevor sie eine neue Produktlinie an den Markt schicken. So wurde um den Surf- und Sportbekleidungskonzern Hollister Co. eine komplette Familienlegende erfunden von Vater und Sohn, die in die Welt ziehen. Ein Familienunternehmen vermittelt mehr Wärme als ein Dax-Konzern, auch wenn es ein Fake ist.

Derjenige, der seine Produkte am besten an den Mann und die Frau bringen konnte, der sie mystisch aufladen konnte, war ohne Zweifel Steve Jobs. Ein Religionsstifter der Neuzeit. Der nicht nur das Geld der Menschen für sich gewonnen hat, sondern auch ihre Seelen. Er kreierte eine sogenannte »Lovemark«, eine Marke, die von Konsumenten heiß geliebt und an der treu im Prinzip bis in den Tod gehangen wird. Kevin Roberts, CEO der Werbeagentur Saatchi & Saatchi fragte sich, wie man das Konzept der Marken noch wirksamer machen könne, und plädierte dafür, eben sogenannte »Lovemarks« zu schaffen. Die Beziehung zu einer Marke sei bald abgestanden, es kommen neuere, bessere, jüngere auf den Markt. Aber seiner »Lovemark« folge man bis ans Lebensende, weil Liebe und weil Leidenschaft im Spiel sind. Roberts fragte sich, was nötig sei, um beim Konsumenten eine Loyalität zu schaffen, die über den Verstand hinausgeht, die für Treue bis in den Tod sorgt. Drei Zutaten brauchte man dafür, stellte er fest: Geheimnis, Sinnlichkeit und Intimität. Geheimnis durch Geschichten und Träume, Sinnlichkeit durch Töne, Geruch oder Geschmack. Und Intimität durch Bindung und Empathie. Die Frage, die sich die, die etwas verkaufen wollen, stellen müssen: Liebt der Kunde mein Produkt? Und: »How can they love it longer, faster, more?« Je mehr Liebe, desto mehr Umsatz.

Apple ist nicht einfach ein Elektronikunternehmen, sondern das Paradies schlechthin: Jobs wird als Prophet verehrt, als einer, der die Welt und die Menschen besser verstanden hat als irgendjemand sonst. Wie Moses führte er seine Anhänger durch die Wüste der Mittelmäßigkeit hin ins gelobte Land. 1997 startete Apple die durchschlagende Kampagne »Think different«, die dieses Gefühl atemberaubend beförderte. Unseren Geist, unser Leben, unsere Gesellschaft prägende Persönlichkeiten wie Gandhi, Picasso, Einstein oder Martin Luther King wurden in Werbespots gezeigt, und dazu gab es das Apple-Vaterunser:

An alle, die anders denken:
Die Rebellen,
die Idealisten,
die Visionäre,
die Querdenker,
die, die sich in kein Schema pressen lassen,
die, die Dinge anders sehen.

Sie beugen sich keinen Regeln,
und sie haben keinen Respekt vor dem Status quo.
Wir können sie zitieren, ihnen widersprechen, sie bewundern oder ablehnen.
Das Einzige, was wir nicht können, ist, sie zu ignorieren,
weil sie Dinge verändern,
weil sie die Menschheit weiterbringen.
Und während einige sie für verrückt halten,
sehen wir in ihnen Genies.
Denn die, die verrückt genug sind zu denken,
sie könnten die Welt verändern,
sind die, die es tun.

Apple wollte nicht nur Produkte verkaufen, sondern alles ändern. Apple wurde zu einer eigenen Religion. Sobald ein neues Apple-Produkt angekündigt wurde und wird, hyperventiliert die Apple-Gemeinde. Eigentlich befindet sie sich in einem permanenten Rauschzustand; auch wenn sich kein neues Produkt ankündigt, so wird darüber spekuliert, was Apple als Nächstes machen *könnte*, es werden – im Netz und den entsprechenden Diskussionsforen – sogar eigene Design-Entwürfe präsentiert. Und wenn es dann tatsächlich ein neues iPhone gibt, das an einem bestimmten Tag ab einer bestimmten Uhrzeit verkauft wird, stehen die Apple-Jünger schon Tage und Nächte zuvor an beziehungsweise kampieren vor dem Apple Store. Wenn die ersten dann das Produkt gekauft haben und aus dem Laden kommen, halten sie das iPhone selig in die Luft wie ein Kreuz, geben den anwesenden Medien erste

Interviews, und die noch Wartenden klatschen und brechen in Verzückungen aus – man wähnt sich bei einer Osterprozession in Südspanien.

Wie kein anderes Unternehmen hat es Apple in den letzten Jahren verstanden, nicht nur durch tatsächlich herausragende Innovationen und ökonomische Stärke zu glänzen, sondern ein beispielhaftes, quasireligiöses Verhältnis zu seinen Kunden aufzubauen. Wenn in Cupertino zu einer Präsentation gerufen wird, dann ist das wie bei einem Weihnachtsgottesdienst, bei dem die frohe Botschaft verkündet wird. Steve Jobs selbst, Mitbegründer, Inspirator und langjähriger CEO, war der Guru und bleibt es auch nach seinem Tod für die unzähligen Apple-Jünger; seine eigene Biografie strotzt übrigens vor spirituellen Erfahrungen und Erweckungserlebnissen. Die Zeitung Die Welt sprach anlässlich des Erscheinens des Buches *Becoming Steve Jobs* vom Meister als »Heiligen der Gegenwart«. Und als vor einiger Zeit bei der Vorstellung der Apple Watch das ehemalige Supermodel Christy Turlington, »glühend von Yoga, Joggen, Mutterschaft«, zum Jobs-Nachfolger und neuen Apple CEO Tim Cook auf die Bühne stieg, wurde das so beschrieben: »Eine postmoderne Renaissance-Madonna« sei aufgetreten, und im Hintergrund flackerte der »religiöse Transzendenzanspruch« auf: »Wer uns folgt, hat ein erfülltes Leben, und deswegen ist Steve für uns gestorben.«

In einer bemerkenswerten Rede, oder sollte man besser sagen: In einer Predigt an der George Washington University würdigte Cook jüngst Jobs als einen der Größten des »Silicon Valley« und gab den Absolventen mit auf den

Weg, sie sollten sich von »Steves unbändigem Optimismus« leiten lassen.

Gedenken wir also Steve, folgen wir seinem in die Welt gepflanzten Optimismus (und seiner Apple-Theologie), wohin er uns auch führt, und warten wir entrückt auf das iPhone 7. Oder 8. Oder 8s.

DAS ZEHNTE GEBOT

Du sollst begehren deines Nächsten Weib, weil das nächste Weib alles tut, damit du es begehrst.

EIGENTLICH

Du sollst nicht begehren deines Nächsten Weib, Knecht, Magd, Vieh, noch alles, was dein Nächster hat.

Die dunkle Hohepriesterin des Sexy-Hexi-Wahns, eines Wer-schön-sein-will-muss-leiden-Kults, ist Heidi Klum. Ihre Castingshow *Germanys Next Topmodel* ist wie moderne Firmung. »Wenn du ganz nach oben willst, musst du die Zähne zusammenbeißen«, quiekt Heidi. Oder: »Gib Gas!« »Du bist nicht wandlungsfähig, ein Model muss viele Facetten präsentieren können.« »Zeig uns, was du kannst.« Seit zehn Jahren grassiert der Heidi-Klum-Wahn. Schon elfjährige Mädchen üben den Catwalk, also das kecke Herumstolzieren auf extremen High Heels, damit sie sich für die Castingshow bewerben können. Sie machen Diäten, bevor ihr Körper noch irgendwelche Rundungen entwickeln kann, und versuchen, im Bikini sexy auszusehen. Die Mädchen, die zu Heidi Klum wollen, finden es offenbar erstrebenswert, nicht lernen zu müssen, sich selbst gut zu finden mit all ihren Stärken und eben auch allen Schwächen, sondern dies einer Jury selbst ernannter Experten überlassen zu können. Die sagt ihnen mit als hilfreicher Ehrlichkeit getarnter Erbarmungslosigkeit, was nicht geht: der schlaffe Bauch, die O-Beine, das langweilige Gesicht. »Noch bin ich nicht überzeugt von dir«, sagt Heidi. »Streng dich an!« Und die Mädchen weinen, geloben hektisch Besserung, sprechen davon, dass ihr Lebenstraum zerstört sei, falls sie nach Hause geschickt werden und sie zurück müssen in die Schule oder in die Ausbildung, in ein Leben ohne Glamour und Fame und Reichtum.

Es gibt Models, die verdienen Millionen, einfach nur, weil sie in Unterwäsche vor Zuschauern herumlaufen. Sie werden besser bezahlt als Herzchirurgen oder Hochschullehrer. Die Zeiten, in denen Intelligenz oder grandiose handwerkliche Fähigkeiten gepriesen und bestens honoriert wurden, sind vorbei. Es lebe der Körperkult. Ein Kult, der das komplette Gegenprogramm zur geistlichen, körperfeindlichen Welt der Religion ist, als ob die Jahrhunderte des Darbens nun ein Ventil gefunden hätten.

Wie ein trotziges Kind, das nun genau das tut, was einem die Eltern immer verboten haben.

Schönheit ist ein Versprechen auf ein besseres, paradiesisches Leben. Deswegen träumen inzwischen Tausende, ach was, Hunderttausende Mädchen davon, entdeckt zu werden. Alle wollen Topmodel sein und nicht länger Tierärztin oder Friseurin. Sie stehen Schlange bei Heidis Castings und überspringen jede Schamgrenze, um von Heidi und ihrem Zirkus mitgenommen zu werden in eine Welt, die bunter, spannender, glamouröser zu sein scheint, als es ein Nine-to-five-Job im Büro einer Versicherung oder eines Jugendamts verspricht. Und die Jungs, die sich das ganze Drama ansehen, um das unbekannte Wesen Mädchen zu erforschen, lernen, dass Mädchen vor Glück weinen und kreischen, wenn man ihnen sagt, dass sie eine tolle Figur haben. Es gab mal Zeiten, in denen man versucht hat, Männern beizubringen, dass Frauen Menschen sind, also Charakter haben, auf den sie mal einen Blick werfen sollen. Eine Zeit, in der einem zur Partnerwahl der gut gemeinte Ratschlag erteilt wurde, dass es auf die »inneren Werte« ankäme – was heute nach Omi klingt, die am Sonntagstisch vor sich hin brabbelt, während sie sich ein Stück Schwarzwälder Kirschtorte einverleibt.

Folgt man den zahlreichen ethnologischen Studien, ist für Männer auf der ganzen Welt das Hauptausschlusskriterium bei der Partnerwahl »Hässlichkeit«. Das Maß für Schönheit ist sexuelle Attraktivität, und die entsteht durch Signale der jungfräulichen Fruchtbarkeit – glatte Haut, glänzende Haare, schmale Hüften und straffe Brüste zeugen von Gesundheit und der Fähigkeit, erstmals Kinder austragen zu können. Aufgeworfene Lippen und ein wiegender Gang sind dann der Gipfel, versprechen nicht nur Fortpflanzungspotenzial, sondern auch Leidenschaft, Begehren, Glanz. All das lernen die Mädchen von Heidi Klum. Und noch viel mehr. Zum Beispiel, dass Schönheit Anpassung bedeutet.

Das Weib drängt danach, schön und begehrenswert zu sein. Aber was ist schön? Das wird dem Weib vorgesetzt. In erster Linie: schlank sein. Fit sein. Perfekt sein. Wobei Schönheit natürlich ein relativer Begriff ist. So gelten im Ostsudan Frauen mit hängenden Brüsten als besonders begehrenswert, und die Aborigines in Australien schätzen dicke Frauen. Hier im Westen hat sich das Ideal des athletischen, schlanken, jungen Körpers durchgesetzt. In der Werbung sind wir umgeben von ihnen. Kein Auto, kein Hotelzimmer, keine Frühstückskonfitüre scheint sich mehr zu verkaufen, wenn nicht ein schöner, gut gebauter und strahlender Mensch sie anpreist. Dass viele von ihnen mit Photoshop manipuliert und ihr Abbild verändert wurde – geschenkt.

Schon die alten Griechen kannten das Ideal des Athleten, im antiken Rom wurden Gladiatoren verehrt, bevor sie irgendwann im Zirkus den Tod fanden. Die schöne Helena war Grund für den Trojanischen Krieg. Doch seit einigen Jahren gilt Schönheit nicht mehr als etwas Exklusives, als Besonderheit, die eben manche Menschen – und darunter vor allem Frauen – als Gnade oder Glück mitbekommen haben, sondern es erscheint mit einem Mal ein Ziel zu sein, das jeder erreichen kann, wenn er sich nur genügend anstrengt und den eigenen Körper als Projekt versteht, in das er investieren muss.

Es ist ein wahrhaft aufwendiges Unternehmen, zumindest für die meisten von uns. Aber auch eines, dem man sich nur schwer entziehen kann, weil quasi alle damit beschäftigt sind. »Du sollst sexy sein«, das ist die Botschaft, die uns täglich vielstimmig aus Werbung, Popkultur und Ratgeber-Büchern eingehämmert wird und die wir mehr oder weniger dankbar aufnehmen. Spätestens seit den 1980er-Jahren ist der Körper ein Ort der Inszenierung geworden. Wer ich bin, zeigte sich fortan vor allem und zuerst daran, wie ich aussehe. Der Körper wurde zum Material, das formbar ist. Er bringt einen weiter, verheißt Erfolg, Anerkennung, Begehren, Verehrung. Studien belegen, dass schöne Menschen mehr Freunde haben, mehr Geld verdienen, ernster genommen werden und natürlich eine größere Auswahl an potenziellen Sexualpartnern haben. Ein schöner Körper ist das Vehikel, das einen zu Glück, Liebe, Sex und Geld führt. Doch je mehr Menschen heute Zeit und Geld für die ausdauernde Arbeit am eigenen Körper investieren, umso strenger scheinen die Regeln dafür, was als »schön« gelten darf. Die Mängellisten werden immer länger. Gelbe und schiefe Zähne waren vor gar nicht allzu langer Zeit noch normal. Dass Menschen ab dreißig breiter wurden und Falten bekamen, ebenso. Heute ist das ein Problem, das sich schnell zu einer Krise ausweiten kann. Die Haare sind nicht voll und glänzend? Wie peinlich. Die Nase zu groß, zu spitz oder zu klein, die Lippen zu schmal, die Brüste zu unscheinbar? Oh Gott!

Es gibt inzwischen für alle Körperregionen eine Norm, auch für die, die bislang von der Öffentlichkeit noch weitestgehend unbeobachtet geblieben sind und als intim galten. Operationen der Genitalien nehmen zu: Schamlippen kürzen ist inzwischen ein Standardangebot der plastischen Chirurgen. Allein das Gefühl, hässlich zu sein, weil die inneren Schamlippen länger sind als die äußeren, bewegt Frauen dazu, an sich herumdoktern zu lassen. Auch Schamlippenverkleinerung oder das Einfärben derselben sind im Angebot. Viele junge Mädchen haben sich neuerdings das ehrgeizige Ziel gesetzt, den Thigh Gap zu erreichen. Dafür müssen sie hungern, bis die Oberschenkel so dünn sind, dass sie sich nicht berühren, sondern zwischen ihnen eine Lücke klafft, eben der Thigh Gap. Wer darüber nicht verfügt, ist eine dicke oder zumindest eine arme Sau. Es gibt inzwischen unzählige Internetforen, die sich allein mit der Frage beschäftigen, wie man diesen Gap erreicht, wer ihn hat und wer nicht. Es ist eine Vorgabe ohne jeden Sinn. Eine Norm, die wer zu welchem Zweck aufgestellt hat? Die Frauen folgen einem Gebot einer quasireligiösen Gemeinschaft, die sich zusammenfindet, um diesen alles überstrahlenden Körperkult unserer Tage auszuüben. Jeder, der einen perfekten oder scheinbar perfekten Körper besitzt, ist wertvoller, angenommener als derjenige, der mit Makeln behaftet ist. Engel sind schön und haben eben einen Platz im Himmel. Die anderen müssen draußen bleiben.

So ist das oberste Gebot im Klum-Zirkus denn auch: Mädchen, du musst schlank sein. Dünnsein war mal ein Zeichen jugendlicher Rebellion, man wollte anders aussehen als die erschöpfte und rund gewordene Mutter, doch inzwischen ist es gesellschaftliche Norm. Der Versuch, schlank zu sein, und das Unglück, wenn es mal wieder nicht gelingt, treiben inzwischen Frauen aller Altersstufen um. Die sechzigjährige Geschäftsfrau genauso wie die Dreißigjährige, die gerade Mutter geworden ist. Sogar kurz nach der Geburt geht es um den After-Baby-Body, der Bauch muss schnell wieder fest werden. Es kursieren Fotos von Models und Schauspielerinnen, die eine Woche nach der Geburt ein gewagt enges Kleid auf dem roten Teppich tragen und nach spätestens zwei Wochen ein Selfie mit knappen Dessous per Instagram um die Welt schicken. Unglaublich, heißt es: Vor gerade mal drei Wochen brachte »Sixpack-Mum« Sarah Stage ihren kleinen Sohn zu Welt, jetzt hat sie schon wieder eine Wahnsinns-Bikini-Figur! Unglaublich! Heidi Klum ist auch hier maßgeblich, sie schockt nicht nur junge Mädchen mit ihren Ansprüchen, sondern auch Mütter, denn ihr flacher muskulöser Bauch nach vier Schwangerschaften ist eine ständige Ermahnung. Frauen, es geht!, sagt er. Strengt euch an! Ich bin noch nicht überzeugt von euch! Interessanterweise sieht die heilige Maria auf allen bekannten Darstellungen kurz nach der Geburt von Jesus auch schlank und rank wie eine Jungfrau aus. Ist Heidi ein Ebenbild von Maria? Wird sie deshalb so angebetet?

Das Model Kate Moss, auch mit über vierzig Jahren noch berühmt für ihre knochige Figur, sagt: »Nichts schmeckt so gut, wie es sich anfühlt, dünn zu sein.« Normalsterbliche müssten diesen Satz schon mantraartig vor sich hinsagen, wenn sie an den vollen Regalen im Supermarkt vorbeigehen oder sich an den Esstisch setzen, um der Versuchung widerstehen zu können. Meist bricht nach wenigen Minuten ein Monster hervor, das nur eins will: essen. Dieses Monster (der Teufel?) ist dann schuld, wenn es wieder nichts wird mit dem Abnehmen, dem Dünnsein, dem Jungscheinen, dem Begehrtwerden und dem bombastischen Sex, der an jeder Ecke auf einen wartet. »Du sollst begehrenswert sein, am besten bis ins hohe Alter«, lautet das wichtigste Gebot unserer quasireligiösen Gemeinschaft. Begehren scheint die größte Anerkennung mit sich zu bringen, die wir bekommen können.

Wir tun alles, um dem Körperideal eines paarungswilligen und fortpflanzungsbereiten Menschen nahezukommen, selbst wenn wir die vierzig weit hinter uns gelassen haben und eigentlich froh sein dürften, dass der Nachwuchs bald aus dem Haus ist. Schön und fit zu sein wird zum alles beherrschenden Zwang, dem zunehmend auch Männer unterliegen. Zwar stehen bei Frauen, die eine feste Bindung eingehen wollen, Zuverlässigkeit und eine gewisse Reife höher im Kurs als körperliche Attraktivität, doch auch Männer können sich nicht länger ausruhen und gleichmütig auf ihre Bier-Plauze blicken. Zumindest dann nicht, wenn sie als potenzielle Liebhaber wahrgenommen werden wollen. Legen Frauen bei der Wahl des Partners, mit dem sie gemeinsam ihre Kinder aufziehen wollen, vor allem Wert auf soziale Fähigkeiten, so geht es doch bei der Frage, mit wem sie am liebsten Sex hätten, wieder vor allem um körperliche Attribute wie breite Schultern und schmale Hüften. Auch Männer müssen sich irgendwann entscheiden zwischen Sex und Gemütlichkeit, zwischen Sport und Kneipe!

Sex verspricht den schnellen Weg zum Glück. Wer viel und guten, nein, wer den besten Sex hat, ist glücklich, darauf läuft es hinaus. Und Sex ist so gesund. Inzwischen rät sogar die Apotheken-Umschau zu einer Geschlechtsverkehr-Frequenz von mindestens zwei Mal pro Woche. Sex macht nicht nur glücklich, weil die Hormone im Gehirn in Schwung kommen, sondern er baut Stress ab, trainiert Herz und Kreislauf, beeinflusst den Stoffwechsel positiv und fördert Kreativität und Gelassenheit. Sex schützt vor Prostata- und Brustkrebs genauso wie vor Depression. Studien sollen belegen, dass Sex die Lebenserwartung steigert, die Lebensqualität sowieso. Wer keinen Sex hat, hat ein Problem. Einen Wettbewerbsnachteil. Und man baut Kalorien ab, etwa einhundertfünfzig Kilokalorien, das ist immerhin der Wert eines halben Schokoriegels. Sex ist Teil des Gesundheits- und Fitnessoptimierungsprogramms. Medial vorgeführt wird er als cleane Angelegenheit zweier gestählter Körper, eine Art Bodengymnastik, gesund, keimfrei, geruchlos. Doch sosehr wir auch an uns arbeiten, momentan liegt Deutschland laut Statistik leider nur im Mittelfeld, was Qualität und Quantität betrifft. Die meisten haben nicht öfter als zweimal die Woche Sex. Und das ist schon viel.

Wenn wir Jünger des Körperkults merken, dass wir nicht recht vorankommen, trotz Bier- und Schokoladenverzicht oder sonstigem Diätprogramm, begeben wir uns in unsere Fitnesskirchen, strafen uns dort für unsere Laster (gestern eine Tafel Schokolade, eine Flasche Wein oder bequem den Tag vorm Fernseher verbracht) an muskelstählenden Geräten, geloben Besserung bei quälenden Crossfit-Kursen oder Steppaerobic. Wir kämpfen dann stoisch gegen die Todsünden Dicksein und Schlaffheit, allein oder mit Leidensgenossen. Die Spa-Bereiche sind Orte der Reinigung von Schweiß, Schmutz und der eigenen Minderwertigkeit. Vielleicht gibt es dort einen kurzen Moment der Zufriedenheit, vielleicht sogar der Zuversicht, den eigenen Körper umformen zu können.

Wenn man dann einen unauffälligen Blick auf die anderen wirft, kann man erfahren, wie weit man es bereits in der Körperkultgemeinschaft gebracht hat. Gehört man zu den ganz Frommen, hat also nach Entbehrungen und Kasteiungen endlich einen Waschbrettbauch, definierte Muskeln und einen knackigen Arsch? Oder ist man immer noch einer aus der Masse der armseligen Gläubigen, einer, der zwar einen willigen Geist, aber schwaches und hängendes Fleisch hat? Verfügt man immer noch nicht über das strahlende Selbstbewusstsein eines Menschen, der durch und durch zufrieden mit seinem Körper ist? Dann kann man beim Abendmahl mit Energydrinks die Augen schließen und beten, dass ein Wunder geschehen möge und man am nächsten Tag als neuer Adam oder neue Eva aufwacht, schöner und begehrenswerter als Gott je auf die Idee gekommen wäre, einen zu erschaffen.

Wenn auch das nicht hilft (und es hilft meistens nicht), wenn die Selbstzweifel, die schnell zum Selbsthass werden, überhandnehmen, dann sucht man sich Hilfe bei den Priestern des Körperkults: bei Personal Trainern, Ernährungsberatern und Fitnesscoaches.

Der Beruf des Personal Trainers wird in zwanzig Jahren wahrscheinlich einer der bestbezahlten sein, lauten die Prognosen. Der Personal Trainer ist der moderne Tröster und Beichtvater. Manager, die sich sonst wenig Zeit für soziale Beziehungen nehmen, treffen zwei-, drei-, viermal in der Woche ihren Personal Trainer, der sie triezt, quält und mit klaren Ansagen vorwärtstreibt, und sie genießen es, dabei nicht alles selbst bestimmen zu müssen. An den Personal Trainer kann man wenigstens für kurze Zeit die Verantwortung für sich selbst abgeben, oder zumindest für seinen Körper. Und in den Fitnessräumen starren wir auf die Geräte, die uns unser Trainingssoll anzeigen, die noch zu leistenden Minuten und wegzuschwitzenden Kalorien. Die Zahlen haben Magie: eine Stunde Indoor Cycling, fünfzigmal die Zehn-Kilo-Hantel stemmen, mindestens viermal in der Woche zum Sport. Wenn wir darunter bleiben, drohen die Dämme unseres Selbstoptimierungskonzepts zu brechen, wir fühlen uns schlecht und ertappt. Personal Trainer verbieten und gebieten, mahnen und trösten: keine Kohlehydrate, vom Ei nur das Weiße, jeden Tag mindestens vierzig Minuten Work-out, dazu viel Wasser trinken. Dann wird alles gut. Dann ist es irgendwann so weit, dass man sich im Spiegel sieht und denkt: Wow, das bin ich, wie sexy.

Und wenn es einem zu lange dauert, die Problemzonen zu groß erscheinen oder dem Alterungsprozess anders nicht beizukommen ist, dann gibt es immer noch den Heiligen mit Skalpell und Fettabsaugepumpe, der einem alle Mühsal abnimmt. Ich mache einen besseren Menschen aus dir, lautet die Verheißung der Schönheitschirurgen.

Die Priester des Fitnesskults sagen, wie man leben soll. Sie setzen Grenzen, geben Halt. Sie stellen Regeln auf, an die man sich halten muss, wenn man dazugehören will. Der Lohn ist zwar nicht das ewige Leben, aber die Aussicht auf ein langes, in dem man allzeit begehrt ist und bleibt. Die Arbeit am perfekten Body, am Traumkörper spielt mit einer transzendenten Sehnsucht, sie bekämpft im Grunde die Todesangst und gibt ein wenig Hoffnung auf ein wenn schon nicht ewiges, so doch ewig langes Leben. Wir stemmen uns gegen die Vergänglichkeit. Wir fürchten den Leib, wenn er krank und alt wird, wir wollen nicht hinfällig werden, welken, sterben. Da wir einen Gott, der uns ein ewiges Leben versprach, in die Wüste geschickt haben, versuchen wir eben, die Zeit aufzuhalten, indem wir am perfekten Body arbeiten. Wir pflanzen uns Haare ein, verwischen unser Falten, verstecken körperliche Makel und investieren in sauteuere Anti-Aging-Präparate.

Die Hässlichen, die Dicken, Schwachen und Alten oder alt Aussehenden indes haben es schwer. In diese Welt passen sie nicht. Auch Behinderungen stören das Bild, weswegen pränatale Diagnostik eine immer größere Rolle spielt. Unser Körper muss funktionieren, darf sich keine Schwäche erlauben, damit wir allen Ansprüchen genügen, unseren eigenen und denen der anderen. Also werden wir selbst zur Maschine, genormt und so ziemlich jeder Individualität beraubt. Unser Körper soll nicht unser Körper sein, soll nicht unsere Narben und Kämpfe zeigen, nicht die Geburten, die Erschöpfung und die Lachfalten, auch nicht unsere Auffälligkeiten, sondern wie ein Körper aus dem Katalog wirken.

Wir sind so damit beschäftigt, jung zu bleiben, dass wir vergessen, in Würde alt zu werden. Hektisch und aufgekratzt sind wir auf der Suche nach dem Heiligen Gral, nach ewiger Jugend und Unsterblichkeit. Die Vorteile des Alterns, ein bisschen Weisheit und Gelassenheit, können wir dabei kaum mehr entwickeln. Wir trauen uns nicht, wir selbst zu sein, lieber wären wir irgendjemand anders, in einem anderen, perfekten Körper.

Dabei ist es am Ende wahrscheinlich Vergänglichkeit, die Aussicht darauf, dass das, was wir treiben, bald ein Ende hat, die Begehren schafft: Jedenfalls hat Brecht das überzeugend in einem Gedicht beschrieben. Ein Mann verabschiedet sich kühl von der Frau, mit der er eine Nacht verbracht hatte, und will die Wohnung gerade verlassen: »Da sah ich: Eine Strähn in ihrem Haar war grau. Ich konnt mich nicht entschließen mehr zu gehen.« Und das änderte alles, er bleibt. »Denn wir vergaßen ganz, dass du vergehst. Und es verschlug Begierde mir die Stimme.«

DAS ELFTE GEBOT – STATT EINES NACHWORTS

Ach, vergiss es, gehn wir bowlen!

Natürlich wird an dieser Stelle ein Nachwort erwartet. Am besten von einem Promi. Du sollst schließlich ganz viele Götter neben dir haben. Ein Promi, der alles zuvor Gedachte oder Geschriebene adelt oder zumindest halbwegs legitimiert. Wir brauchen das. Dass auf den Büchern, die wir kaufen, jemand, den wir aus dem Fernsehen kennen oder der selbst schon mal ein erfolgreiches Buch geschrieben hat, jemand, dem wir vertrauen wie einem Pfarrer in der Kirche, dass der hier (oder noch besser: auf dem Cover) seinen Senf dazugibt: »Das ist das Buch des Jahres!« »So hat noch nie jemand die Neurosen unserer Zeit auf den Punkt gebracht!« »Eine scharfsinnige, amüsante Analyse unserer Tage!« oder einfach nur:

»Grandios!« Elke Heidenreich, Ijoma Mangold, Roger Willemsen, Christine Westermann, Giovanni di Lorenzo kommen infrage. Oder, ein bisschen unerwartet, Heidi Klum, Bastian Schweinsteiger, der Dalai Lama; es gibt ein paar Möglichkeiten.

Wenn sich keiner findet, muss halt der Autor (das ICH!) selbst ran. Soll er doch in wenigen Worten die vorherigen durchaus komplexen, möglicherweise auch widersprüchlichen Gedanken noch einmal zusammenfassen und »auf den Punkt bringen«, damit man gegebenenfalls nur das Nachwort lesen muss. Das ist ja eine beliebte Methode geworden; es gibt inzwischen vermehrt Zeitungen und Nachrichtenmagazine (um nicht zu sagen: Es handelt sich dabei um sogenannte »Leitmedien«), die am Ende ihrer Artikel noch einmal in drei knappen Sätzen das zuvor Beschriebene zusammenfassen. Aufbereitet für den offensichtlich nur noch kurznachrichtenlange Gedanken erfassenden Zeitgenossen. Mir leuchtet nicht ganz ein, warum man dann eigentlich noch einen Artikel oder ein ganzes Buch schreibt, warum belässt man es dann nicht gleich bei den drei Sätzen. Aber wahrscheinlich ist das der Erfahrung geschuldet, dass immer mehr Menschen (vor allem Moderatoren oder sogenannte Multiplikatoren) ohnehin nur noch Klappentexte lesen und sich alsdann ans Kommentieren machen – wir, die wir dieses Buch geschrieben oder tatsächlich gelesen haben, denken an dieser Stelle an einige Passagen aus dem achten Gebot, Amen.

»Auf den Punkt bringen« muss man es. Ein Fazit ziehen. Das ist auch ein Gebot: Wenn du ein Buch schreiben willst (oder eine Predigt halten magst, was ja nicht unähnlich ist), muss das ein Ende haben, am besten ein Happy End, einen optimistischen, den »Leser an die Hand nehmenden«, helfenden Ausgang braucht das Ganze. Irgendeine Lösung aufzeigen, einen Weg aus dem Dilemma beschreiben, ein Licht leuchten lassen, einen Ratschlag erteilen, irgendetwas Therapeutisches oder wenigstens Küchenpsychologisches mit auf den Weg geben. Damit, liebe Leserin, lieber Leser, dieses Buch nicht nur eine Probierpackung bleibt, sondern damit Sie wirklich das Gefühl haben, dass Sie hier etwas mitnehmen. Eine Botschaft. Die frohe Botschaft!

Womit wir wieder beim Kernthema dieses Buchs sind: Selbst in der eigentlich ziemlich nebensächlichen Frage, ob Bücher wie dieses ein Nachwort brauchen, treffen wir auf das ungeheure Bedürfnis nach Geboten. Geben Sie es zu, auch Sie wollen jetzt wissen, wie man aus diesem ersatzreligiösen Irrsinn, dem wir uns in diesem Buch gewidmet haben, wie man sich der furchtbaren Frömmelei bei der ICH-Beschau, dem Bio- und Schönheitswahn, der Shopping- und Promigeilheit halbwegs wieder entziehen kann und das alles vielleicht doch nicht bis zum Sankt-Nimmerleins-Tag mitmachen muss.

»Sorge dich nicht, lebe!« Schreibt man dann. »Carpe diem!« Oder »Schau nach vorn und nicht zurück!« Oder so was in der Art. Meine Mutter pflegte und pflegt zu sagen: »Junge, nun mach mal nicht so 'n Gewese!« Heißt, veranstalte nicht so ein Heckmeck mit dir und mit dem, was du tust oder denkst – und das finde ich gut und würde ich gern hier als Weisheit stehen lassen ... Mutti hat sowieso immer recht!

Mein anderer Lieblingsspruch, den ich Ihnen mit auf den Weg geben möchte, ist aus dem Film *The Big Lebowski*. Er heißt: »Ach vergiss es, Dude. Gehn wir bowlen!« Das sagt der zuweilen etwas cholerische Walter, wenn es Stress gab und wenn er dann wieder runterkommt, zu seinem Freund, dem schluffigen Alt-Hippie Jeffrey Lebowski, genannt: Dude. Dann gehn sie bowlen und sind so selig und tiefenentspannt, wie man seliger und tiefenentspannter nicht sein kann. Dazu dann noch einen White Russian, den der Dude sich ziemlich oft mixt, und federleichter und fröhlicher kann es nicht werden, das weiß ich aus eigener, guter Erfahrung. Auch wenn die Gesundheitsapostel da draußen es anders sehen. Oder gerade weil.

Gehn wir bowlen!

DANIEL JAMES BROWN
DAS
WUNDER
VON
BERLIN
WIE NEUN RUDERER DIE NAZIS
IN DIE KNIE ZWANGEN
The New York Times
BESTSELLER
Nr. 1
RIEMANN
VERLAG

PORTRÄT EINER UNTERSCHÄTZTEN GENERATION

Wer ist diese Generation, die zwischen 1960 und 1975 geboren wurde und heute die Mitte der Gesellschaft bildet? Sie waren keine „68er“ mehr und sind noch keine „Digital Natives“. Die Autoren zeichnen mit feiner Ironie ein Psychogramm der Babyboomer und wagen ihre Rehabilitation. Denn diese Generation hat weit mehr zu bieten, als sie selbst glaubt!

ISBN 978-3-570-50154-2